Heinz Freiberg

Ich schreibe.

Erstes Buch

EDITION FREIBERG

Ich schreibe.

Jeder Mensch
wird in seine Zeit hineingestellt,
daran kann er nichts ändern.
Doch die Zeiten ändern sich.

„Ich war, ich werde sein, ich bin!"
heißt es in einem Gedicht von mir.
Die Zukunft „im Schwitzkasten"
von Vergangenheit und Gegenwart?

Ich schreibe. Das ist der Versuch,
in dreißig Kapiteln eine Antwort
darauf zu geben, was, wie, worüber,
wann und warum ich schreibe?

Der Buchtitel

ist nicht gestohlen. Er ist nur geliehen und wird aufbewahrt.

Die Zeitschrift *„ich schreibe"* erschien seit 1959 monatlich und wurde vom Zentralhaus für Kulturarbeit der DDR in Leipzig herausgegeben. Links: Die Nr. 1/1960. Es war die Zeitschrift für die Bewegung schreibender Arbeiter. Die letzte Publikation kam im IV. Quartal 1989 heraus. Das Heft Nr. 1/1990 soll zwar noch gesetzt, redigiert und gedruckt, aber nicht mehr ausgeliefert worden sein.

Printed in Europe · März 2018

Computersatz / Layout: Annett Warg · Dresden
Druck und Binden: SOWA-Druck

ISBN: 978-3-943377-59-0

… Vorworte

Schöner als mit einem Vorwort von Erich Kästner kann man ein Vorwort zum Kapitel „Vorworte“ gar nicht beginnen:

„Liebe Kinder und Nichtkinder!
Meine Freunde machen sich schon seit langem darüber lustig, dass keines meiner Bücher ohne ein Vorwort erscheint. Ja, ich hab auch schon Bücher mit zwei und sogar mit drei Vorworten zustande gebracht! In dieser Hinsicht bin ich unermüdlich. Und auch wenn es eine Unart sein sollte – ich werde mir’s nicht abgewöhnen können.
Erstens gewöhnt man sich Unarten am schwersten ab, und zweitens halte ich es für gar keine Unart.
Ein Vorwort ist für ein Buch so wichtig und so hübsch wie der Vorgarten für ein Haus. Natürlich gibt es auch Häuser ohne Vorgärten und Bücher ohne Vorwörtchen, Verzeihung, ohne Vorwort. Aber mit einem Vorgarten, nein, mit einem Vorwort sind mir Bücher lieber. Ich bin nicht dafür, dass die Besucher gleich mit der Tür ins Haus fallen. Es ist weder für die Besucher gut, noch für das Haus. Und für die Tür auch nicht.
So ein Vorgarten mit Blumenrabatten, beispielsweise mit bunten, kunterbunten Stiefmütterchen, und einem kleinen, kurzen Weg aufs Haus zu, mit drei, vier Stufen bis zur Tür und zur Klingel, das soll eine Unart sein? Mietskasernen, ja siebzigstöckige Wolkenkratzer, sie sind im Laufe der Zeit notwendig geworden. Und dicke Bücher, schwer wie Ziegelsteine, natürlich auch. Trotzdem gehört meine ganze Liebe nach wie vor den kleinen gemütlichen Häusern mit den Stiefmütterchen und Dahlien im Vorgarten. Und den schmalen, handlichen Büchern mit ihrem Vorwort.“

Aus Erich Kästners Bestseller „Als ich ein kleiner Junge war“.

„Lieber Herr Freiberg!

Durch den Druck meiner Gedichte und Geschichten haben Sie mein Leben verlängert."

Diesen Satz schrieb mir vor vielen Jahren die Autorin Lieselotte Frenzel aus Bernburg in einem Brief.

Diese zwölf Worte waren Balsam für die Seele, und ich musste gehörig aufpassen, dass ich bei solch einem himmlischen Lobgesang nicht abschwebte, sondern auch künftig immer schön auf dem Teppich blieb.

Warum sollte es gerade mir gestattet sein, Leben zu verlängern? Wer hatte mir dieses Privileg verliehen? Wem pfuschte ich hier möglicherweise in sein Werk? Und überhaupt: Ist dieses hohe Lied auf meine verlegerische Tätigkeit nicht furchtbar übertrieben?

Mir ging dieser Satz jedenfalls nicht mehr aus dem Kopf. Er hakte sich dort fest wie eine Klette. Und ich habe mir fest vorgenommen – solange meine Kräfte dazu reichen – ein „Lebensverlängerer" zu sein. Meine liebe Frau Gerlinde hilft mir kräftig dabei.

2007

Auf der Homepage www.edition-freiberg.de unter dem Schlagwort „Wir über uns" zu finden.

Das war der erste Buchtitel, den wir für die Bernburger Autorin, Frau Lieselotte Frenzel, druckten.

Von dem guten Rat einer Schirmherrin, dem „roten Faden“ und einem Paradoxon

„All Menschenlehr’ er ganz abhaut, und selig spricht, der Gott vertraut.“ Diese Zeilen finden sich unter einem Holzschnitt aus der „Collectio Vaticiniorum“, der Martin Luther zeigt. Halb Mönch noch? – mit der Rose in der linken und der Sichel in der rechten Hand – stellt er sich den Kämpfen seiner Zeit. Einer Zeit, von der der Grimmaer Autor Gerhardt Gimpel meint, sie sei eine „Wendezeit“ gewesen.
Die „Nonnenflucht“ eine „Entführung“, von Leonhard Koppe im Auftrag des „Ketzers“ Martinus knallhart geplant? Es spricht jedenfalls einiges dafür; denn später gab es ein „Bekennerschreiben“, unterzeichnet von Martin Luther. Und mittendrin im lebensgefährlichen Geschehen ein Dutzend Nonnen aus dem Zisterzienserinnen-Kloster Marienthron Nimbschen.

„Als Ehefrau Martin Luthers ist sie in die Geschichte eingegangen: Katharina von Bora, die Lutherin ... Sie war eine besondere, auch heute faszinierende, fromm und zugleich selbstbestimmt lebende Frau. Es lohnt sich, ihren 500. Geburtstag zu feiern.“

Das thet der heldt Martinus Luther
Der macht das Euangeli lauther
All menschen leer er gantz ab hauth
Und selig spricht/der/Gott vertrawth.

Anonymer Holzschnitt aus „Collectio Vaticiniorum“, nach alten Drucken, herausgegeben von Albert Ritter.

Diesem guten Rat im Grußwort der Schirmherrin Christiane Herzog für das Katharina-von-Bora-Jubiläum 1999 wollen wir gern Folge leisten.

Folgen Sie, verehrte Leserin, verehrter Leser, in diesem Büchlein literarisch dem möglichen Fluchtweg der Nimbschener Nonnen. Die ausgewählten Sagen und Geschichten sind nicht aus einem Guss, ja selbst die Schreibgeräte der Chronisten ähneln sich kaum. – Sie reichen vom Gänsekiel über den Füllhalter und die Schreibmaschine bis hin zum Computer.

Augenzwinkernd möchte ich deshalb am Ende dieses Vorwortes an ein mir lieb gewordenes Paradoxon erinnern: Es muss ja nicht alles stimmen, was hier geschrieben steht; Hauptsache, es ist wahr!

1999

Vorwort zum neuen Rollwagenbuch „Von der Kraft der Liebe, tollkühnen Taten, grausigen Begebenheiten, listigen Streichen & guten Werken", herausgegeben anlässlich des 500. Geburtstages der Lutherin, Katharina von Bora.

Sehnsucht nach Leben

Else Lasker-Schüler. Das ist mehr als nur ein Name. Einmal muss man sie gelesen haben, wenigstens ein paar ihrer Gedichte.

Sie war viel weiter am Himmel oben, als die nunmehr 100jährige Jubilarin von Wuppertal: die Schwebebahn; die sich – so die große Dichterin der Stadt – „wie ein stahlharter Drachen mit vielen Bahnhofsköpfen und sprühenden Augen über den Fluss legt und wendet".

Diese kleine Schrift soll an eine faszinierende Persönlichkeit erinnern und an ihre schillernden, oft schwermütigen Gedichte, voller Metaphorik und Bildhaftigkeit. Da ist eine große Sehnsucht nach Liebe und Tod, aber auch nach dem Leben.

Viel Freude beim Lesen – eventuell in der Schwebebahn zwischen Vohwinkel und Oberbarmen – wünscht Ihnen

DIE EDITION FREIBERG. 2001

Vorwort zum Miniaturbüchlein für „Else Lasker-Schüler (1869 – 1945)".

Mir gehört der Heine ganz

Die Reich-Ranickis streiten sich. Sie wollen ihn partout in eine Schublade stecken: den Heinrich Heine. Und sie wollen unbedingt eine Antwort auf die Frage finden: Ist der Harry (später Heinrich) Heine nun ein Klassiker oder doch bloß ein Romantiker?

Hier mein Vorschlag zur Versöhnung: Heinrich ist der klassische Romantiker, Heine aber der romantische Klassiker.

Mir ist das so ziemlich egal. Heine hat mein Herz berührt und meine Seele auch. Er hat meine Zunge geschliffen und mein Auge geschärft. Er hat mir Mut gemacht im Kampf gegen Kleinmut, Duckmäusertum und Dummheit. Gegen Dummheit, das wissen wir längst, kämpfen selbst Götter vergebens.

Er war und ist mein Wegbegleiter. Ich bin ein Habenichts und Habedoch: Denn mir gehört der Heinrich Heine ganz. Und bittschön auch dem Rest der Welt.

2006

Vorwort zum Miniaturbüchlein „Heinrich Heine (1797 – 1856)“.

Nie süßlich verlogen

Mascha Kaléko ist stets eine Entdeckung. – Heute, morgen, immer! Wie Erich Kästner, Kurt Tucholsky und Joachim Ringelnatz wollte sie keine Literatur für nur wenige „Feinschmecker“ schreiben, sondern „Gebrauchspoesie“ für viele Leser. Sie wollte verstanden werden und sie wurde verstanden. Ihr Ton ist unverwechselbar. Ihre Texte sind voller Erdenschwere, Ironie und Gefühl; Gefühl vor allem. Und:

„Sie ist eine Philosophin der kleinen Leute ... Nie süßlich und verlogen, nein, eher herb und sehr gescheit ... Ich hätte sie gern gekannt.“, so schrieb einst Anna Rheinsberg in der „Welt“ über sie.

Alina Peters aus Radebeul (9. Klasse) hat während ihres Praktikums in unserem Verlag aber auch eine ganz andere Mascha Kaléko „ausgegraben“. Wir waren von ihrer gründlichen Recherche in Bücherschränken und im Internet wirklich überrascht.

Deshalb ist es kein Koch- oder Gemüsebüchlein geworden, obwohl wir dieser kleinen literarischen Miniatur den Untertitel „Kraut- und Rübengedichte“ gegeben haben.

Lesen Sie wohl und Guten Appetit! 2010

Vorwort zum Miniaturbüchlein „Mascha Kaléko (1907 – 1975)“.

Ich will so bleiben, wie ich bin!?

Gedichte habe ich eigentlich „schon immer" geschrieben und natürlich auch schon so manchen Spruch geklopft. Karl Garbe meinte einst: „Sprüche lassen sich leichter klopfen als Steine". Da hat er ganz sicher Recht.

Ich möchte, dass mich die Zeitgenossen an meinem Wort erkennen. Und ich versuche, dabei möglichst geistreich und witzig zu sein. Jeden Tag aufs Neue. Die Leute sagen dann: „Das ist mal wieder typisch Heinz, der ändert sich auch nicht mehr!?"

Ich bin mir aber nicht sicher, wie das wirklich gemeint ist: vorwurfsvoll, anerkennend, belustigend!? Stecken Lob oder Tadel dahinter!? Bleibt man am Ende immer nur der, der man auch früher schon war!? Und: Kann man denn überhaupt raus aus seiner eigenen Haut!?

Neulich hörte ich einen Satz, der mich stutzig machte: „Nur wer sich ändert, bleibt sich treu."

Ist das die philosophische Erkenntnis schlechthin, eine wunderbare Ausrede oder gar Hochverrat an sich selbst!?

Ein toller (cooler) Spruch ist diese Behauptung allemal. In ihm steckt die verborgene Kraft eines „geflügelten Wortes". So ein Satz bleibt hängen!? Er hakt sich wie eine Klette im Kopf fest und bleibt dort sitzen.

Aber wie es auch sei. – Ich will so bleiben, wie ich bin!? Sollen doch die Leute ruhig weiter über mich sagen: „Ja, das sieht dem Freiberg wieder mal ähnlich, der ändert sich auch nicht mehr!?"

2011

Vorwort zur zweiten, ebenfalls stark limitierten Auflage von „gedichte & anagramme".

Die Umschlagseite der Gedichtsammlung.

Ein Wort zuvor

Elli Erge hat das Schreiben entdeckt. Und das mit 80. Ihre Tochter, Thekla Batereau, Jahrgang 1947, hat ihr Mut dazu gemacht. Sie schreibt, und malt, und fotografiert schon etwas länger.
Die hier versammelten Erzählungen aus der Schulzeit sind es allemal wert, gelesen, erinnert und bewahrt zu werden.
Bei Elli Erge sind es vor allem die „Kanter" – unverwechselbare, starke Persönlichkeiten – die sich fest in ihr Gedächtnis eingegraben haben, während Thekla Batereau „gefangen war" vom sozialistischen Schulalltag und den schönen Dingen drum herum.
Sollte sich – liebe Leserin, lieber Leser – in nächster Zeit einmal Ihre alte Klasse treffen, dann wäre dieses schmale „Schulheft" genau das richtige Präsent für das Klassentreffen.

DER VERLEGER 2000

Aus dem Bestseller „Ein bisschen wie Feuerzangenbowle". Diese Publikation erlebte in den Jahren von 2000 bis 2012 insgesamt acht Auflagen.

Vorrat

Es ist eine gute und alte Tradition der besten Verleger, Herausgeber und Buchgestalter aller Zeiten, den „freien Raum" einer Seite bis zur vollen Gänze auszunutzen.
Deshalb hat sich der Unterzeichner dieses Beitrages und Gestalter der vorliegenden Broschüre entschlossen, alle vakanten, sprich, freien Stellen, mit literarischen Texten auszufüllen, aufzufüllen und zu bereichern.
Immer wieder bereitet es unbeschreibliche Freude und weckt neue Einsichten, bei den Altvorderen nachzulesen, ihre hohen Gedanken, edlen Gefühle und visionären Ideen aufzuspüren, aber auch von ihren tiefen Sorgen und bitteren Nöten zu erfahren.
Und wie oft – das ist die Tragik im Leben auch mancher großer Menschen – war ihr leidvoller, energischer Kampf um eine neue, bessere Welt schier aussichtslos. Aber dennoch nicht umsonst! Nicht vergebens!
Der Vorrat an wertvollen philosophisch-literarischen Texten ist riesig; der Brunnen woraus wir schöpfen können wird von einer unversiegbaren Quelle gespeist; die Vorratskammern in die wir gehen und aussuchen können, sind bis unter die Decke gefüllt mit guten, haltbaren und nahrhaften Dingen.

Aus der Publikation „Immer wieder blüht der Kirschbaum“ – Ergebnisse eines literarischen Schülerwettbewerbes im Rahmen des URBAN-II-PROJEKTES der Stadt Gera zum Thema „Wie will ich im Alter leben?“

Die von Schülern gestaltete Umschlagseite.

Pars pro toto – Wir drudeln

Pars pro toto kommt aus dem Lateinischen und heißt so viel wie „ein Teil steht für das Ganze“. Die Kunst hat sich seit jeher dieses Stilmittels bedient. Es hat besonders unser Auge geschärft. Eine Venus aus Marmor, ohne Kopf und Extremitäten, lässt durch ihren Torso immer noch erkennen, dass sie dereinst eine vollkommene römische Göttin gewesen ist.

Häufig tritt uns das Prinzip „pars pro toto“ in der Literatur und besonders auffällig in der sprichwörtlichen Rede entgegen: „Der eigene Herd ist Goldes wert!“ – Damit sind nicht nur eine Kochstelle oder die Küche, sondern im übertragenen Sinne das ganze Haus gemeint.

Und dann gibt es noch die Drudel, englisch „Droodles“ genannt. Roger Price, ein begnadeter amerikanischer Drudologe, ist in den letzten Jahrzehnten in Vergessenheit geraten. – Zu Unrecht, wie wir meinen. Also graben wir ihn wieder aus!

Zunächst aber erst einmal der Versuch einer Definition von Paul Rothenhäusler, dem Herausgeber der Werke von Roger Price in deutscher Sprache beim Diogenes Verlag Zürich: „Der Drudel ist die Erfassung einer klassischen Situation (Ur-Situation) aus der Welt der Menschen, der Tiere oder der Dinge mit wenigen Strichen.“

Roger Price ergänzt in einem seiner Vorworte: „Der Drudel ist eine neue, umwälzende Kunstform, die es auch Ihnen ermöglichen wird, Ihre innere Sicherheit und Ruhe wiederzufinden. Das Drudeln erlaubt es Ihnen endlich, Ihre ureigensten Gedanken auszudrücken und diese Ihren Mitmenschen zu vermitteln. Mit einem Minimum von Talent können Sie sich über Nacht zu einem ‚Party-Picasso' entwickeln, der Hochzeitsgesellschaften erheitern und Diplomatenkonferenzen verblüffen wird."
Und an anderer Stelle heißt es beim Meister aller Drudologen wörtlich: „Ja, was ist das Drudeln denn am Ende? (Ich streue gern derartige philosophische Fragen in meine Werke. Ich finde, das macht sich gut!). Antwort: 1. Die positivste aller möglichen Zeitverschwendungen; 2. ein Gesellschaftsspiel (‚dank Drudeltest innert Wochenfrist ein Party-Picasso!', so lautet die von mir bereits früher abgegebene Garantie); 3. Ein Charaktertest, der den Vorteil aufweist: a) nichts zu kosten, b) die Psychologen (aus Konkurrenzneid) verrückt und c) die Verrückten zu Psychologen zu machen. Und 4. ist das Drudeln eine moralische Kraft, weil jene, die sich ausschließlich damit befassen, weder mit den Angehörigen des andern Geschlechts, noch mit dem Gesetz in Konflikt geraten."
Um nicht des Plagiats (Diebstahl von geistigem Eigentum) bezichtigt zu werden, geben wir hier gern zu, dass der Drudel auf dem Umschlag unseres Büchleins zwar von Isabel Kirsche gezeichnet wurde, aber im Original eigentlich von Roger Price stammt. Bei Isabel heißt der dazugehörige Text: „Ein Mann, der Zeitung liest".
Roger Price interpretiert den gleichen Drudel folgendermaßen: „EHEMANN, WIE IHN SEINE GATTIN BEIM FRÜHSTÜCK SIEHT".
Und weiter heißt es bei ihm: „Die Frauen haben gar keinen Grund sich über das oben angedeutete Problem zu beklagen. Ohne Zeitungen müssten die Ehemänner a) vor der ersten Tasse Kaffee ihre Frauen anschauen und würden b) nicht wissen, was los ist in der Welt, was c) zu einer schweren Krise in der Aspirinindustrie führen könnte."
Wie man sieht, kann man ein- und dieselbe Sache sowohl im engeren, als auch im erweiterten Sinne betrachten.
Gehen Sie dabei, verehrte Leserin, werter Rezipient, ein wenig augenzwinkernd über den Rahmen hinaus; schauen Sie sich jedes Bild ganz genau, von oben und unten, von vorn und hinten, von innen und außen, von links nach rechts und mit kriminalistischer Neugier an, dann werden Sie schon dahinterkommen, was dahintersteckt.
„Bepflanzen Sie den Acker Ihrer Phantasie", so Paul Rothenhäusler, mit selbst erfundenen Drudeln und haben Sie viel Spaß daran, ohne Ende.
Heinz Freiberg 2001

Aus: „Pars pro toto – Wir drudeln". Ein Buchprojekt von Auszubildenden der AIK, den heutigen Semperschulen Dresden.

So sieht die Titelseite des „Drudelbüchleins" aus.

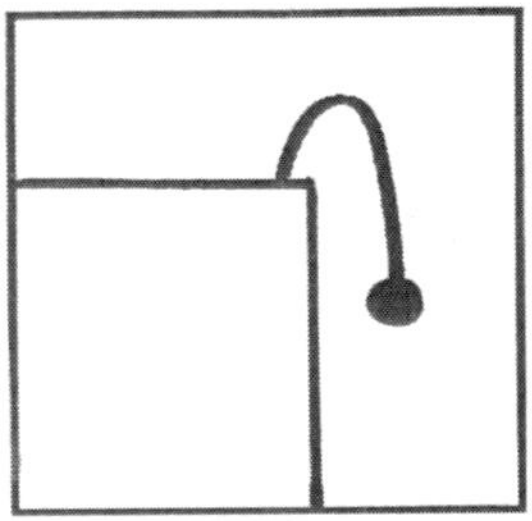

Zwei Beispiele: Tesafilm, Der Springende Punkt

Was jetzt geschieht, geschieht uns

„Von den vielen Welten, die der Mensch nicht von der Natur geschenkt bekam, sondern sich aus eigenem Geist erschaffen hat, ist die Welt der Bücher, die größte."

Dieses Hohelied auf den genialen Erfinder Mensch und sein unschlagbares Kulturgut BUCH stammt aus der Feder von Hermann Hesse.

Dichter und Denker aller Kontinente haben zu allen Zeiten dem BUCH Lobeshymnen und Liebeslieder, Aufsätze und Aphorismen, Danksagungen und Huldigungen, ja, sogar ganze Bücher über das BUCH, gewidmet.

Leben und Lesen unterscheiden sich nur durch einen Konsonanten, auch Bibel und Fibel nur durch den Anfangsbuchstaben. Sollte das nur ein reiner Zufall sein?

In jedem Jahr erscheinen weltweit zehntausende von neuen Buchtiteln und Nachauflagen. Hörbücher ergänzen das gedruckte Buch und elektronische Bücher sind in sekundeschnelle verfügbar. „Google" hat vor ein paar Tagen das schier unglaubliche Vorhaben angekündigt, alle bisher gedruckten und erhalten gebliebenen Bücher der Welt ins Netz zu stellen. – Fast unvorstellbar und doch bald Realität!? Bücher aller Länder versammelt euch im Internet, im größten Lesesaal der Erde!

Da drängt sich doch die Frage auf, ob wir überhaupt noch neue Bücher brauchen? – Und dazu noch eins aus Dresden?
Die Antwort aber kann nur lauten: Ja! Denn jede Zeit, hat ihre Zeit, und jede Zeit braucht ihre eigenen Bücher. Zu jeder neuen Maschine gibt es ein Handbuch. Wo aber ist das Handbuch für die Generationen, für Jung und Alt und für jeden „neuen" Menschen?

Wir, die Auszubildenden und Fachlehrer der AIK Dresden (Akademie für Informations- und Kommunikations-Design), haben zu Beginn des Schul- und Ausbildungsjahres 2005/06 ein gemeinsames Buchprojekt in Angriff genommen. Es trägt den Titel „DAS LESEBUCH DER GENERATIONEN". Von Anna Seghers haben wir uns die Unterzeile geliehen: „Jetzt sind wir hier. Was jetzt geschieht, geschieht uns."

Die Textsammlung umfasst nunmehr 154 Seiten. Mehr als 200 künstlerische Arbeiten von Schülerinnen und Schülern zur Illustration des Werkes wurden dazu eingereicht. 29 davon haben wir für das Buchprojekt ausgewählt.

Unser Buch soll Lebens- und Lesehilfe in einem sein, gleichermaßen für Jung und Alt. Es soll zum Nachdenken anregen, Einsichten wecken, beruhigen und versöhnen helfen. Und Spaß machen beim Lesen soll es auch noch.

Und warum gerade so ein Buch, mit diesem Titel?

- Weil wir wünschen, dass es keinen „Generationenkrieg" geben darf und soll;
- weil wir der festen Überzeugung sind, dass das Verstehen der Generationen grundsätzlich möglich ist, aber gepflegt werden muss;
- weil wir humanistische Wertvorstellungen, Ideale und Visionen für sehr wichtig halten;
- weil die demografische Entwicklung nicht nur unserer heutigen Gesellschaft völlig neue Fragen auf die Tagesordnung stellen wird.

Wir können uns die Zeit, in der wir gern leben und arbeiten möchten, nicht einfach aussuchen.

Und wir wissen: „Jetzt sind wir hier. Was jetzt geschieht, geschieht uns."

2006

Editorische Notiz: „Das Lesebuch der Generationen" konnte aus urheberechtlichen Gründen nicht gedruckt werden. Mit seinem Inhalt wird aber bis heute in der Öffentlichkeit gearbeitet. Zahlreiche literarisch-musikalische Programme und Lesungen wurden daraus gespeist.

Geflügelte Worte aus 30 Jahren

„Von Altenrebellion bis Zivilcourage" heißt das GOLDENE ABC der Grauen Panther. Es ist eine Sammlung von Kampflosungen, Überschriften und Zitaten aus den vergangenen 30 Jahren. Es sind Worte dabei, die Flügel bekamen, die Menschen auf die Straße brachten, Mut machten, Herzen höher und schneller schlagen ließ; Worte, denen Taten folgten.
Die erste Ausgabe erschien Anfang März dieses Jahres aus Anlass des 80. Geburtstages von Trude Unruh. Sie bekam natürlich das allererste Exemplar dieser Publikation als kleines Dankeschön und Präsent überreicht.

*

Nun aber – seit unserem Oberhofer Parteitag (24. bis 26. Juni 2006) – ist die zweite, ergänzte und erweiterte Auflage erschienen. Aktuell eingearbeitet wurden Texte und Fotos aus Thüringen, insbesondere aus Gera, und aus Bremerhaven. Dem Herausgeber wurden interessante Einblicke in Chroniken und Zeitungsbelege gewährt, wodurch das Sammelwerk weitere farbige Facetten über regional typische Aktivitäten unseres bunten Pantherlebens hinzugewann.
So wissen wir jetzt, dass der „Bremerhavener Topf kocht" und „Graue Panther auch beim Butjermarkt mit dabei" sind.
Aus Gera kam ein Farbfoto mit der Bildunterschrift: „Trude Unruh und Ruth Piehler – die west- und ostdeutsche Variante der MUTTER COURAGE – Hand in Hand".
Selbstverständlich wird das GOLDENE ABC der Grauen Panther fortgeschrieben. Viel Neues wird hinzukommen, Vergangenes und beinah Vergessenes wieder aufgespürt werden. Sie sind / Du bist herzlich aufgerufen, dabei mitzutun.
Ungezählt sind die Überschriften in der Tagespresse, die die Grauen Panther in guter Absicht für Jung und Alt „verursacht" haben. Wenn ihnen jemand zu nahe tritt und die Zähne zeigt, dann beißen sie und zeigen ihre Krallen.

*

Die zweite, ergänzte und erweiterte Auflage im Format DIN A4 mit 48, zum Teil illustrierten Seiten, wurde mit einem Gedicht des Herausgebers und der Abbildung des Vignetten-Stempels zum Oberhofer Parteitag versehen.
Ab sofort sind die geflügelten Worte der Grauen Panther von A bis Z für nur 3,00 Euro zu haben.

2005

Den Materialien entnommen, die sich in der Konferenzmappe zum Bundesparteitag der „Grauen Panther" in Oberhof befanden.

Die Titelseite ziert ein Porträt von Trude Unruh.

Der Vignettenstempel ging mit der Post in alle Welt.

Vorwort

Autoren-Verleger-Treffen sollen zu einer festen Tradition unseres Verlages werden und mindestens einmal jährlich an wechselnden Orten in Mitteldeutschland stattfinden.

Das 1. Autoren-Verleger-Treffen fand am 10. und 11. November 2007 im Ersten deutschen Buchdorf Mühlbeck-Friedersdorf statt. Die Tagung begann zwanglos bei Kaffee, Kuchen und angeregten Gesprächen. Mehr als 40 Autorinnen und Autoren sowie literaturinteressierte Gäste waren der Einladung gefolgt und hatten sich in der Begegnungsstätte Mühlbeck eingefunden.

Nach der offiziellen Begrüßung durch den Akademieleiter der Trude-Unruh-Akademie, Herrn Dipl.-Päd. Dieter Meyer aus Magdeburg, referierte der Unterzeichner dieses Vorwortes zum Thema: „Der Bitterfelder Weg". Der – symbolisch betrachtet – und, ganz in der Nähe des Tagungsortes gelegen, einst kraftvoll und voller Hoffnung beschritten wurde und zweifelsohne ein besonderes Kapitel der DDR-Literaturgeschichte darstellt. Denn in der Tat: So mancher Kumpel griff zur Feder.
Danach gestaltete sich der erste Tag des Treffens zu einem wahren Lesefest, das erst kurz vor Mit-

ternacht endete. Alle, die bei diesem Vorlese- und Zuhörmarathon die Möglichkeit nutzten, Geschichten, Gedichte und Romanauszüge aus ihren Werken vorzutragen, sind hier im 1. Tagungsband versammelt und abgedruckt.

So ist eine kleine Anthologie entstanden, die vorwiegend heiter und des Nachlesens durchaus wert ist, wie wir meinen. Ganz bewusst wurde bei der Reihenfolge der Texte auf eine alphabetische Ordnung verzichtet. Hier kam wohl eher das bewährte „Haribo-Prinzip“ in Anwendung, welches da heißen könnte: süß neben sauer, hart neben weich, mild neben rau; eben für jeden etwas dabei, für jeden etwas drin.

Der zweite Konferenztag wartete mit einer Überraschung auf: Es schneite! Außerdem war Martinstag! Und so fuhren wir – wie zuvor geplant – nach Lutherstadt Wittenberg, also in Luthers Stadt! Dort besuchten wir Originalschauplätze der Reformationsgeschichte und die „Historische Druckstube“ im Cranachhof.

Mit lebhafter Rede und der Demonstration zahlreicher eigener künstlerischer Drucksachen überzeugte der Buchdruckermeister Andreas Metschke die überaus wissbegierige Zuhörerschaft. Auf der „Nudel“ druckte er ein Erinnerungsblatt mit einem Spruch vom großen Reformator und überreichte je ein Exemplar (natürlich druckfrisch!) an die Teilnehmer der Exkursion.

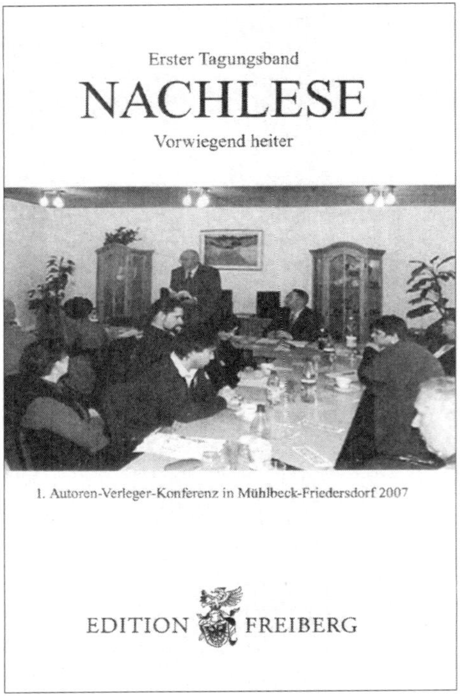

Dipl.-Päd. Dieter Meyer aus Magdeburg eröffnete in der Begegnungsstätte von Mühlbeck-Friedersdorf das 1. Autoren-Verlegertreffen der Edition Freiberg im Jahre 2007. Der erste Beratungstag (10.11.07) stand unter dem Motto: „Auf heißer/kalter Spur – Gedanken zum Bitterfelder Weg“.

Da bleibt am Ende dann nur noch der Dank an Marion und Franziska Lange aus Mühlbeck, an Jutta Sefouh-Reinhoff aus Remscheid und an meine Frau Gerlinde.

LESEN SIE WOHL! Ihr Heinz Freiberg 2007

Wer das Schreiben nicht kennt /
der meint / es sei keine Arbeit.
Die Finger schreiben – und
doch arbeitet der
ganze Kör-
per.

Martin Luther

Zur
Erinnerung
an das
1. Autoren-Verleger-Treffen
am 10./11. November 2007
im Ersten deutschen Buchdorf
Mühlbeck-Friedersdorf
und den Besuch der
historischen Druckerstube
in der Lutherstadt Wittenberg
am Martinstag

Ein Erinnerungsblatt im Original Buchdruck.

Die Dorfkirche von Mühlbeck, Postkarte (Fotomontage) von Stephan Reinke, „mz".

Zum Bild auf der Titelseite: Dipl.-Päd. Herr Dieter Meyer aus Magdeburg (stehend) bei seiner Eröffnungsrede in der Begegnungsstätte Mühlbeck anlässlich des 1. Autoren-Verleger-Treffens der Edition Freiberg im Jahre 2007. Foto: Emil Pathe

Auf der Rückseite des ersten Tagungsbandes „NACHLESE – Vorwiegend heiter" war eine Fotomontage von Stephan Reinke („mz") zu sehen. Am 2. Beratungstag, dem sogenannten Martinstag, begaben sich die Autorinnen und Autoren – trotz Schneegestöbers auf die Spuren von Martin Luther.

Ich bin so frei ...

... den Namensgeber unseres Buchtitels, den deutschen Dichter Hoffmann von Fallersleben, allen anderen Autoren voranzustellen.

„Die Gedanken sind frei, wer kann sie erraten?“

Diese Volksliedzeile ist unsterblich. Es sind acht Worte nur mit einem Fragezeichen am Ende.

Ich habe diese Worte immer wieder gehört: still gebetet, leise gesprochen und laut gesungen.

Meine Mutter sang das Lied in der Küche, mein Großvater im Bahnwärterhäuschen, und eine Gruppe junger Leute 1988 – auf Pflastersteinen vor dem Denkmal Martin Luthers sitzend – in der Lutherstadt Wittenberg.

Da klang stille Hoffnung heraus, dort leidvolle Erfahrung, hier friedliches Aufbegehren, versteckte Provokation, offener Widerstand.

Nun – im Oktober 2009 – ist unser Buch mit dem klangvollen Titel „Die Gedanken sind frei“ fertig. Wir feiern den 20. Jahrestag der deutschen Einheit. Die Sonntagsreden zum Jubiläum sind verrauscht und bereits Geschichte.

Einunddreißig ganz persönliche Handschriften der Autorinnen und Autoren unseres Verlages aber bleiben – vereint in dieser Anthologie – mit Beiträgen von A bis Z, von Adler bis Zimmermann.

In der Wende steckt das Ende, aber auch die Hoffnung und der Neubeginn. Da ist kein bloßes Jammern und Klagen in den Texten. Rückschau? Ja, sie darf wohl und muss erlaubt sein, aber nur Visionen und Vorausschau bringen uns weiter!

Der Buchumschlag entstand im Kopf und am Computer von Anna-Stefanie Kempe aus Freiberg. Sie ist so jung wie unser „einig Vaterland“ und hatte eine wunderbare Gestaltungsidee: Im Käfig sitzt es sich ziemlich sicher, in der Freiheit aber wird man wohl einige Federn lassen müssen. Beides auf einmal ist nicht zu haben.

2009

Aus: „Die Gedanken sind frei“, 1. Große Anthologie, 2009

Von Anfang an gestaltet Anna-Stefanie Kempe die Cover unserer Großen Anthologien.

Die Gedanken sind frei

Die Gedanken sind frei, wer kann sie erraten?
Sie fliegen vorbei wie nächtliche Schatten.
Kein Mensch kann sie wissen, kein Jäger erschießen.
Es bleibet dabei: Die Gedanken sind frei!

Ich denk' was ich will und was mich beglücket,
doch alles in der Still', und wie es sich schicket.
Mein Wunsch, mein Begehren kann niemand verwehren,
es bleibet dabei: Die Gedanken sind frei!

Ich liebe den Wein, mein Mädchen vor allen,
sie tut mir allein am besten gefallen.
Ich bin nicht alleine bei meinem Glas Weine,
mein Mädchen dabei: Die Gedanken sind frei!

Und sperrt man mich ein in finstere Kerker,
das alles, das sind vergebliche Werke.
Denn meine Gedanken zerreißen die Schranken
und Mauern entzwei, die Gedanken sind frei!

Drum will ich auf immer den Sorgen entsagen
und will mich auch nimmer mit Grillen mehr plagen.
Man kann ja im Herzen stets lachen und scherzen
und denken dabei: Die Gedanken sind frei!

Hoffmann von Fallersleben (1798 – 1874)

Mascha Kaléko ist immer eine Entdeckung wert …

… und dieses Vorwort kann nicht annähernd ihr Leben und Werk würdigen. Man schämt sich beinahe dafür, sie erst so spät entdeckt zu haben. Aber besser spät als nie.

Marcel Reich-Ranicki schrieb in seinem berühmten Essay „Zur Heimat erkor sie sich die Liebe“ anlässlich des 100. Geburtstages der Dichterin: „Man musste sie oft entdecken, weil sie immer wieder in Vergessenheit geriet.“ Es gab vielfältige Gründe dafür.

Unserer neuen Anthologie haben wir ein kleines Gedicht von Mascha Kaléko vorangestellt und die erste Zeile davon zum Buchtitel erhoben.

Wir waren überrascht, was 39 Autorinnen und Autoren – die sich in diesem Buch versammelt haben – alles so brauchen. Doch lesen Sie es selbst, werte Leserinnen und Leser.

Die alphabetische Order und der Zufall wollten es, dass der letzte Satz der letzten Geschichte so heißt: „Wir haben es wieder einmal geschafft“. Darüber sind natürlich alle froh, die an der Herausgabe der Anthologie beteiligt waren.

Zum guten Schluss: Den Umschlag des Buches gestaltete wiederum Anna-Stefanie Kempe aus Freiberg. Die geheimnisvollen Flecken auf dem Cover sind stilisierte Inseln, aber die gesamte Inselgruppe (eine Insel davon sieht aus wie ein Herz) gibt es wirklich. Sie liegt im Adriatischen Meer. 2010

Aus: „Man braucht nur eine Insel“, 2. Große Anthologie, 2010

Geheimnisvolle Inselgruppe auf dem Cover Nr. 2.

Einen Teufel werde ich tun ...

... und schon gar nicht meine Seele verkaufen. Diesmal also Goethe, diesmal also „Faust".

DER TRAGÖDIE ZWEITER TEIL

Faust:
Das ist der Weisheit letzter Schluss:
Nur der verdient sich Freiheit wie das Leben,
Der täglich sie erobern muss!
Und so verbringt, umrungen von Gefahr,
Hier Kindheit, Mann u. Greis sein tüchtig Jahr.
Solch ein Gewimmel möchte ich sehn,
Auf freiem Grund mit freiem Volke stehn!
Zum Augenblicke dürft ich sagen:
Verweile doch, du bist so schön!
Es kann die Spur von meinen Erdentagen
Nicht in Äonen untergehn. –
Im Vorgefühl von solchem hohen Glück
Genieß ich jetzt den höchsten Augenblick.

Diesmal sind es 46 Autorinnen und Autoren, Ilja Klug als Illustrator und Anna-Stefanie Kempe als Gestalterin des Buchumschlages, die versucht haben, aus ihrer sehr persönlichen Sicht all jene unsterblichen Augenblicke festzuhalten, die so wunderbar und schön sind, dass sie eine ganze Ewigkeit verweilen mögen.

LESEN SIE WOHL, verehrte Leserinnen und Leser!

2011

Aus: „Verweile doch, du bist so schön", 3. Große Anthologie, 2011

Der 3. Umschlag von Anna-Stefanie Kempe.

Es war einmal ...

... und wenn sie nicht gestorben sind, dann leben sie noch heute.

Nein, gestorben sind sie nicht, die Brüder Grimm. Jacob und Wilhelm Grimm verdanken wir die schönsten deutschen Märchen. Sie gehören unbestritten zur Weltliteratur und wurden am 17. Juni 2005 offiziell in das Weltdokumentenerbe der UNESCO aufgenommen.

Vor zweihundert Jahren erschien die erste Auflage der „Kinder- und Hausmärchen“ der Brüder Grimm. 900 Exemplare wurden gedruckt. Heute liegen unzählige Ausgaben in über 170 Sprachen vor. Neben der Luther-Bibel gehören die „Kinder- und Hausmärchen“ zu den meist gedruckten und gelesenen Büchern der Welt. Und ihre Erfolgsgeschichte geht weiter. Längst stehen die Werke von Jacob und Wilhelm Grimm im weltweiten Netz, in Sekunden abrufbar, lesbar für alle.

Ich bin stolz und überglücklich, Herrn Apl. Prof. Dr. phil. Hans-Jörg Uther aus Göttingen für ein umfängliches Nachwort gewonnen zu haben. Gehaltvoller und inhaltsreicher könnte diese Anthologie wirklich nicht enden. Vielen Dank!

43 Autorinnen und Autoren aus sechs deutschen Bundesländern sowie Gerhard A. Fürst aus Michigan (USA) haben für unsere – nunmehr vierte Große Anthologie – märchenhafte Geschichten und Gedichte, Balladen, Sagen, Mythen und Legenden, Histörchen, Reminiszenzen, Monologe, Limericks, Essays, Rückschauen, Autobiografien, Kabarettstückchen, Wendegeschichten, Osttalgika und vieles andere mehr zu unserer offiziellen Ausschreibung im Frühjahr dieses Jahres eingesandt.

Und das heißt für Sie, verehrte Leserinnen und Leser, dass Sie sich entspannt zurücklehnen und höchst kurzweilige, liebenswerte und amüsante Beiträge genießen können. Wie immer in alphabetischer Reihenfolge. Zum vierten Mal eröffnet dabei die Autorin Barbara Adler aus Chemnitz den literarischen Reigen mit ihrem wunderbaren Gedicht „Nach fünfzig Jahren“.

Vom Maler und Grafiker Lothar Rericha aus Dresden stammen die eingestreuten Illustrationen und die Studentin Anna-Stefanie Kempe aus Weimar hat erneut den Buchumschlag gestaltet, auch bereits zum vierten Mal. Schülerinnen der Semperschulen Dresden – vor allem aber Annett Warg – haben fleißig mitgeholfen, die Texte zu erfassen und in Form zu bringen.

Am Ende ist es doch kein Märchenbuch, aber ein märchenhaft schönes Buch geworden. Ob es in 200 Jahren noch gelesen wird, bleibt abzuwarten. Wir lassen eine Erstauflage von 600 Exemplaren drucken. Die Firma „winterwork" in Borsdorf bei Leipzig wird in bewährter Weise diese Aufgabe übernehmen.

Und noch ein allerletzter Gedanke sei mir hier gestattet.

Wir haben in der Unterzeile unseres Buchtitels das geflügelte Schlusswort vieler Märchen:

„... und wenn sie nicht gestorben sind, dann leben sie noch heute" ein klein wenig verändert. Bei uns heißt es: „... und manche, die gestorben sind, leben heute noch". Und sollte das nicht stimmen, dann ist es trotzdem wahr.

LESEN SIE WOHL! 2012

Aus: „Es war einmal ...", 4. Große Anthologie, 2012

Unverkennbar: Die künstlerische Handschrift von Anna-Stefanie Kempe aus Weimar.

Ach, Ringelnatz,

du herzbetrunk'nes Kind. Seit ich denken kann, reimt sich bei mir Stips auf Gips, stundenlang auf Bumerang und Schnupftabakdose auf Friedrich der Große.
Deine Reime und Gedichte haken sich fest; bleiben im Kopf sitzen, wandern fröhlich ins Herz und bleiben dort, ein Leben lang.
In Wurzen, deiner Geburts- und Heimatstadt, grüßt du von allen Giebeln. Vor ein paar Tagen konntest du deinen 130. Geburtstag feiern. Gemeinsam mit Freunden war ich bei dir zu Gast. Hab Dank für deine Gastfreundschaft, für deine Worte, für Speis' und Trank. Ich habe wieder viel von dir gelernt und Neues an dir entdeckt.
Ach, Ringelnatz, ich liebe und bewundre dich. Und nicht nur ich, das glaube mir.
Nicht einen Vers von dir verschlang die braune Pest und kein Flammenspruch war stark genug, dir wirklich Schaden zuzufügen. Die Hitler kommen und gehen, du aber lebst und bleibst bestehen. Du, du herzbetrunk'nes Kind, du!
Du stehst in vielen gut sortierten Bücherschränken, und auch im Internet, obwohl du das noch gar nicht kennst. Ich ehre dich, indem ich mir nutze, und dich immer und immer wieder lesen werde, ein Leben lang. Das ist versprochen.
Dein Heinz Freiberg 2013

Aus: „Überall ist Wunderland", 5. Große Anthologie, 2013

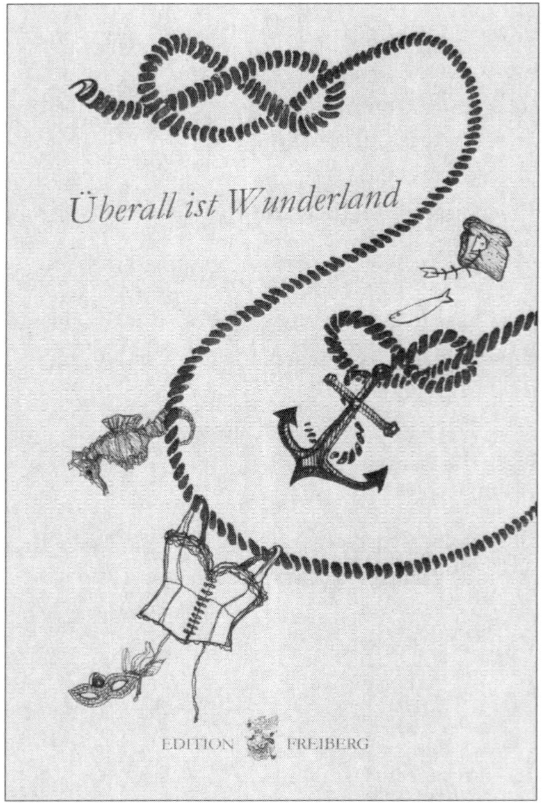

Dieses Cover, ebenfalls von Anna-Stefanie Kempe gestaltet, hätte Ringelnatz gefallen.

Erich Kästner:

Es gibt Erinnerungen, die man, wie einen Schatz in Kriegszeiten, so gut vergräbt, dass man selber sie nicht wieder findet. – Und es gibt Erinnerungen, die man wie Glückspfennige immer bei sich trägt. Sie haben einen Wert für uns. Und wem wir sie, stolz und verstohlen, zeigen, der sagt womöglich: „Herrje, ein Pfennig! So was heben Sie auf? Warum sammeln Sie Grünspan?" Zwischen unseren Erinnerungen und fremden Ohren sind mancherlei Missverständnisse möglich.

Unsere Autorinnen und Autoren, in dieser Anthologie sind es 57 an der Zahl, haben ihre Erinnerungen wieder ausgegraben. Vieles haben sie erlebt, manchem Zeitgenossen verziehen, aber nichts vergessen! Und: In ihren Geschichten und Gedichten ist wirklich alles dabei – Krieg und Frieden – Leben und Tod – Liebe und Hass.

Und warum die drei Auslassungspunkte im Buchtitel? („Als ich ein … war")

Nein, nicht nur wegen der Forderung nach „political correctness"; zu Deutsch, der politischen Korrektheit; sondern einfach deshalb, weil die Autorinnen in diesem Buch stärker vertreten sind als die Autoren. Immerhin steht es 37 : 20 für die feminine Seite. Wäre es da nicht angeraten gewesen, die Anthologie mit der Zeile „Als ich ein kleines Mädchen war" zu überschreiben?

Ja, schon! Aber nach einer repräsentativen Umfrage unter deutschen Leserinnen und Lesern liegt der Bekanntheitsgrad des Original-Buchtitels von Erich Kästner „Als ich ein kleiner Junge war" bei sage und schreibe 98 Prozent. Die drei Auslassungspunkte, soviel steht damit felsenfest, kann jedes Kind und jeder Erwachsene auf Anhieb ergänzen und den vollständigen Titel sozusagen im Schlafe dahersagen.

Noch einmal Erich Kästner:

Die Erinnerung ist eine mysteriöse Macht und bildet die Menschen um. Wer das, was schön war, vergisst, wird böse. Wer das, was schlimm war, vergisst, wird dumm.

LESEN SIE WOHL!

Ihr Heinz Freiberg 2014

Aus: „Als ich ein … war", 6. Große Anthologie, 2014

Der Buchumschlag für die Anthologie Nr. 6.

Von Globetrottern und Urians Reise um die Welt

Wenn jemand eine Reise tut,
So kann er was erzählen.
Drum nahm ich meinen Stock und Hut
Und tät das Reisen wählen.

Refrain:

Da hat er gar nicht übel drum getan,
verzähl' er doch weiter, Herr Urian!

Die Eingangszeilen zu diesem Gedicht von Matthias Claudius sind längst zu einem geflügelten Wort geworden und werden heutzutage ohne jeden ironisch-satirischen Beigeschmack im Alltag gebraucht. Das Verreisen war schon immer amüsant, lehrreich und spannend.

Doch nicht allen Menschen war dies vergönnt oder erlaubt. Dem Einen fehlte das Geld, dem Anderen die Gesundheit, dem Dritten die Möglichkeit dazu. Manchem fehlte alles zusammen.

Den 55 Autorinnen und Autoren, die sich in unserer 7. Anthologie versammelt haben, fehlt es auf gar keinen Fall an Phantasie. Sie verreisen ohne Ende: Um die ganze Welt, in Europa, in

Deutschland, in den Hausgarten, zurück in die alte Heimat und zu sich selbst.
Matthias Claudius wurde am 15. August 1740 in Reinfeld / Holstein geboren und starb am 21. Januar 1815 in Hamburg. Er hat es zwar bis in den Weltraum geschafft – denn der Kleinplanet Nummer 7117 trägt seinen Namen – aber nie auf eine Bestsellerliste. Claudius wurde von seinen Zeitgenossen über- oder unterschätzt, gelobt oder gescholten.
Ein Dazwischen gab es nicht. Er wurde immer wieder vergessen, doch zum Glück auch immer wieder neu entdeckt.
Unsterblich aber ist sein „Abendlied". Die erste Zeile dieses Gedichtes kennt jeder. „Der Mond ist aufgegangen", so haben Untersuchungen ergeben, ist das bekannteste deutsche Volkslied. Bei einer repräsentativen Umfrage gaben 91 Prozent aller Befragten an, das Lied zu kennen, und 67 Prozent, es auch hin und wieder zu singen. Mehr als 70 verschiedene Vertonungen existieren vom „Abendlied", beginnend bei Johann Abraham Peter Schulz, über Franz Schubert bis hin zu Herbert Grönemeyer.
Mit einer Vielzahl von Veranstaltungen und Publikationen verneigt sich Hamburg im Jahr 2015 vor einem Mann, dessen Metier die Sprache war. Neben der Wansbeker Christuskirche wurde zum Auftakt des Claudius-Jahres am 25. Januar ein neues Denkmal für den Dichter des Abendliedes enthüllt. Das Bronze-Relief des Worpsweder Bildhauers Waldemar Otto ist mit seinen sechs Metern Breite und fast drei Metern Höhe nicht zu übersehen.

Von Matthias Claudius haben wir uns den Buchtitel geliehen. Damit möchten wir an ihn, den deutschen Schriftsteller, Dichter und Redakteur des „Wansbecker Bothen" erinnern. Noch heute finden sich die Insignien des wandernden Boten (Hut, Stock und Tasche) im Wappen des Hamburger Stadtteils Wansbek. Auf der Homepage von Wansbek ist zu lesen, dass der Ort bis 1879 noch mit „ck" geschrieben wurde. – Schade, denn das fehlende „c" könnte doch gut für Claudius stehen.
Der Dichter beschert uns in diesem Jahr ein Doppeljubiläum: Seinen 275. Geburtstag und seinen 200. Todestag. Wir gedenken seiner.
Claudius, der menschgewordene „Wansbecker Bothe", erklärte in der 1. Ausgabe vom 1. Januar 1771 dem geneigten Leser seine Intensionen:

„Ich bin ein Bothe und nicht mehr,
Was man mir gibt, das bring ich her."

Und das will auch ich tun.

Heinz Freiberg

So sah der Umschlag für die Anthologie Nr. 7 aus.

„Lesen ist ein großes Wunder“,

so hat Marie von Ebner-Eschenbach einen ihrer kleinen, wunderbaren literarischen Prosatexte überschrieben, in dem sie ein Hohelied auf das Alphabet, das Lesen und das Buch anstimmt. Ein schöneres und inhaltsreicheres Vorwort kann man eigentlich nicht finden.

Doch lesen Sie selbst:

Was hast du vor dir, wenn du ein Buch aufschlägst? Kleine, schwarze Zeichen auf hellem Grunde. Du siehst sie an, und sie verwandeln sich in klingende Worte, die erzählen, schildern, belehren. In die Tiefen der Wissenschaft führen sie dich ein, enthüllen dir die Geheimnisse der Menschenseele, erwecken dein Mitgefühl, deine Entrüstung, deinen Hass, deine Begeisterung. Sie vermögen dich in Märchenländer zu zaubern, Landschaften von wunderbarer Schönheit vor dir entstehen zu lassen, dich in die sengende Wüstenluft zu versetzen, in den starren Frost der Eisregionen.

Das Werden und Vergehen der Welten vermögen sie dich kennen, die Unermesslichkeit des Alls dich ahnen zu lassen. Sie können dir Glauben und Mut und Hoffnung rauben; verstehen, deine gemeinsten Leidenschaften zu wecken, deine niedrigsten

Triebe als die vor allen berechtigten zu feiern. Sie können auch die gegenteiligen, die höchsten und edelsten Gedanken und Gefühle in dir zur Entfaltung bringen, dich zu großen Taten begeistern; die feinsten, dir selber kaum bewussten Regungen deiner Seele in kraftvolle Schwingungen versetzen.

Was können sie nicht alles, die kleinen schwarzen Zeichen, derer nur eine so geringe Anzahl ist, dass jedes einzelne von ihnen alle Augenblicke wieder erscheinen muss, wenn ein Ganzes gebildet werden soll; die sich selbst nie, sondern nur ihre Stellung zu der ihrer Kameraden verändern!

Und hinter die Rätsel dieser Eigenschaft, die ihnen anhaftet, zu kommen, und den Weg zu ihren Geheimnissen zu eröffnen, wird einem Kinde zugemutet, und ein Kind vermag's! – Wenn das nicht ein Wunder ist!

Auch mir haben es die Alphabete dieser Welt sehr angetan. Und das schon lange. Sie sind ein Faszinosum der ganz besonderen Art.

Man kann mit ihnen alle Geschichten des Universums erzählen, ja, wirklich alle!

Ein paar davon finden Sie hier, verehrte Leserinnen und Leser. Ich wünsche Ihnen bei der Lektüre unserer achten Großen Anthologie viel Kurzweil, Erbauung und gute Unterhaltung.

Und wie immer kommt mein kleines, aber wohlgemeintes Sprüchlein zum Schluss:

LESEN SIE WOHL!

Ihr Heinz Freiberg

Marie von Ebner-Eschenbach über die Liebe:

Die allerstillste Liebe ist die Liebe zum Guten.

*

Die meisten Menschen brauchen mehr Liebe
als sie verdienen.

*

An Rheumatismus und an die wahre Liebe
glaubt man erst, wenn man davon befallen wird.

*

Die Liebe hat nicht nur Rechte,
sie hat auch immer recht.

*

Echte Liebesgeschichten gehen nie zu Ende.

Eine sehr interessante grafische Lösung fand Anna-Stefanie Kempe beim Buchumschlag für die Große Anthologie Nr. 8.

„Heimatlos",

diesen Buchtitel haben wir uns vom deutschen Dichter Max Herrmann-Neiße geliehen. Das namensgleiche Gedicht hat er am 23. Juni 1936 in London geschrieben; im Exil, fünf Jahre vor seinem Tod. Und: „Ein deutscher Dichter bin ich einst gewesen", so heißt eins seiner letzten Werke. Alle Hoffnung scheint verloren, denn er ist seine geliebte Heimat los.

HEIMATLOS, dies eine, so bedeutungsschwere Wort, benennt in aller Kürze das Drama seines Lebens. Zur Heimatlosigkeit verurteilt; enttäuscht, verbittert und krank; bewahrt er in seinen Gedichten dennoch die große Achtung vor den einfachen Menschen und setzt mit seinen Worten ihrer Würde ein Denkmal.

Max Herrmann-Neiße, zu oft und zu Unrecht vergessen, hat uns auch heute noch viel zu sagen. wir wollen ihm wieder ein Stück näher kommen; in dieser, unserer Zeit; und seiner gedenken.

Ein Einzelschicksal!
Und das Schicksal von Millionen?

*

Das Flüchtlingswerk der Vereinten Nationen (UNHCR) gibt am 20. Juni 2016 bekannt:

„Durch Konflikte und Verfolgung erreicht die Zahl der von Flucht und Vertreibung betroffenen Menschen ein trauriges Rekordniveau. Ein drastischer Anstieg im letzten Jahr bringt die Gesamtzahl der Flüchtlinge, Binnenvertriebenen und Asylsuchenden weltweit auf rund 65 Millionen.“

*

Tröstet uns das Buch der Bücher, die Bibel?

Johann Hinrich Claussen, evangelisch-lutherischer Theologe, bekannter Autor und Hauptpastor in Hamburg, schrieb jüngst im Nachrichtenmagazin „DER SPIEGEL“:

„Man liest die Bibel in diesen Tagen anders. Sie wirkt näher, drängender und überraschender. Zum Beispiel, wenn man beim Blättern zufälligerweise auf eine Prophezeiung stößt: ‚Dies ist die Last für Arabien: Ihr müsst im Gestrüpp, in der Steppe über Nacht bleiben. Bringt den Durstigen Wasser entgegen; bietet Brot den Flüchtigen. Denn sie fliehen vor dem Schwert, ja, vor dem bloßen Schwert, vor dem gespannten Bogen, vor der Gewalt des Kampfes‘ (Jesaja 21, 13–15). Das ist lange her, könnte aber auch heute geschrieben worden sein.“

*

Ein drittes, längeres Zitat sei mir erlaubt. Ich habe es der Einladung der DPG (Deutsche Psychoanalytische Gesellschaft) anlässlich ihrer Jahrestagung im Mai 2016 in Stuttgart entnommen, die mit dem Thema „Heimatlos“ überschrieben war.

„Heimatlos muss nicht nur mit Verlust, Trauer, Schmerz, Trennung, Traumatisierung, Destruktivität und Verunsicherung verknüpft sein. Heimatlos zu sein, wird auch mit Hoffnungen auf einen Neuanfang, auf Entwicklung und auf die Verwirklichung der eigenen Träume verbunden … Es geht also nicht nur um den Verlust einer ‚äußeren Heimat‘, sondern um die Entwicklung eines Sicherheitsgefühls, die Regulierung des seelischen Gleichgewichts, die Folgen schwerer Traumatisierungen und Defizite und um ihren Niederschlag in den menschlichen Beziehungen.“

*

Wir, die Autorinnen und Autoren dieser Anthologie, bekennen uns zu Frieden, Solidarität und Humanismus. Ja, ich weiß, dass diese Worte geschunden und abgegriffen sind. Verleihen wir ihnen gemeinsam neuen Glanz!

LESEN SIE WOHL!

Ihr Heinz Freiberg

Aus aktuellem Anlass erschien im Jahr 2016 unsere 9. Anthologie. So sah der Buchumschlag dazu aus.

Von zauberhaften und anderen Anfängen

Nicht jedem Anfang wohnt ein Zauber inne. Ja, auch dieser Satz stimmt. Das hier vorliegende Buch gibt darüber mehrfach Auskunft. Erschütternde und des Merkens würdige Geschichten erzählen davon, Gedichte umfassen es in starken poetischen Bildern.
Der Aufruf zur großen Hesse-Anthologie unter dem Arbeitstitel „Drei in Einem“ hatte unseren Autorenstamm eher leicht verwirrt, als zielgerichtet orientiert. Wir stellten drei geflügelte Worte von Hermann Hesse zur Auswahl:

„Und jedem Anfang wohnt ein Zauber inne.“
„Glück ist Liebe, nichts anderes.
Wer lieben kann, ist glücklich.“
„Wahrlich, keiner ist weise,
der nicht das Dunkel kennt.“

Nun lag die Qual der Wahl bei unseren Autorinnen und Autoren. Manche meinten, sich zu allen drei Hessezitaten äußern zu sollen, andere wiederum pickten sich nur eine Zeile heraus. Von uns wurde jede Entscheidung akzeptiert. Es gab kein richtig oder falsch.
Bei näherem Hinsehen wurde aber bald deutlich, dass sich ein geflügeltes Wort des Dichters an die

Spitze der Beliebtheitsskala setzte, und unserer Anthologie letztendlich den Namen, sprich, den Buchtitel gab:

Und jedem Anfang wohnt ein Zauber inne

Es ist wieder ein dickes Buch geworden. Es ist lesens- und liebenswert und wunderbar leicht, trotz seiner Schwere. Es trägt die markanten Handschriften von 50 engagierten Autorinnen und Autoren aus nah und fern.
Gerhard Albert Fürst aus Michigan (USA) ist einer von ihnen. Warum ich gerade ihn hier besonders erwähne? Dafür gibt es mindestens drei gute Gründe: Erstens ist er seit Anfang an (2009) in all unseren großen Anthologien vertreten; zweitens setzt er in diesem Buch dem Dichter Hermann Hesse (1877 – 1962) mit seinen Worten ein literarisches Denkmal; drittens wird er bei unserer 11. Autoren-Verleger-Konferenz in der Lutherstadt Wittenberg am 30. September und 01. Oktober 2017 in persona mit dabei sein.

Und was mich betrifft, so freue ich mich dreifach: Darauf wieder einmal kurzzeitig in meiner alten Heimatstadt verweilen zu können, auf den Reformer Martin Luther, verkörpert durch Herrn Bernhard Naumann, der unsere Konferenz eröffnen wird, und auf alle Gäste, die zu unserem Tagungsort, zur ehrwürdigen Universität Wittenberg – der „Leucorea" – finden werden.

Heinz Freiberg

Der Buchumschlag erstmals von Johanna Mehner.

... Huldigungen

Im „woxikon“, dem kostenlosen Synonymwörterbuch und Lexikon im Internet, werden für das Wort Huldigung insgesamt 82 Synonyme genannt. Das hat mich überrascht. Denn ich hätte nicht gedacht, dass es eine so große Anzahl von verschiedenen Bedeutungen für dieses scheinbar abgegriffene und unmoderne Wort gibt.

Für mich ist DIE HULDIGUNG, so wie ich sie verstehe, immer feminin besetzt. Wirklich immer. Meine Lobeshymnen und Lobpreisungen sind nur den Frauen vorbehalten und gewidmet.

Von „Frauenlob“ und „Frauenlieb“ wussten bereits die Minnesänger zu berichten. Nun gut, auch ich versuche mein Glück.

60 Glöckchen

Für Gerlinde

Im Garten
unter Schnee und Eis,
da läuten
sechzig Glöckchen
ganz leis'.

Sie lassen sich
dabei nicht stören;
und wenn du
ganz still bist,
dann kannst du
sie hören.

Liebe Gerlinde,
alles Gute zu Deinem
60. Geburtstag
von Deinem Heinz.

04. Februar 2005

DU bist ...

Gerlinde zum 65. Geburtstag

DU bist die Rose auf dem Tisch
und das Schnitzel in der Pfanne.
DU bist das Brötchen, immer frisch,
und das Wasser in der Wanne.

DU bist die Decke in der Nacht,
am Tage meine gute Fee.
DU bist die Wächterin, die wacht,
und bist mein viertes Blatt am Klee.

DU bist die Wiese vor dem Haus,
der Sonnenschein am Himmelszelt;
bist Regen, Donner, Sturmgebraus,
und nie zufrieden mit dem Geld.

DU bist ab heute Sechzig plus.
Die Rente kommt nun monatlich.
Mit Klageliedern ist jetzt Schluss!
Und noch etwas: Ich liebe DICH!

Dein Heinz

31. Januar 2010

Außen und Innen

Für Trude Unruh

Schwertgosch! Immer vorne weg
und das Herz am rechten Fleck!
Bunte Blumen auf dem Kleid,
stets dabei und niemals Zeit!
Kämpferherz und achtzig Jahre,
klug und mutig, graue Haare!
Urgestein der Grauen Panther!
Nicht Gegen-, sondern Miteinander!
Gemeinsam handeln im Revier!
Heute wir – und morgen ihr!
Hinter Megaphon und Brille,
große Sehnsucht, tiefe Stille.

Hier fällt mir Hans Lorbeer ein
und sein Spruch vom Menschlichsein:
„Aufrecht stehen, vorwärts gehen,
heißen, starken Herzens sein!
Allen Fragen Antwort sagen;
keine Antwort ist zu klein ...
Mit sich ringen, sich bezwingen,
unterm Schritt der Zeit nicht schrein!
Jeder Wahrheit, jeder Klarheit
Kämpfer und auch Meister sein!"

17. Juli 2005

Für Waltraud (1934 – 2011)

in memoriam

Dein letzter Besuch stimmte uns froh.
Wir waren vergnügt und haben gelacht.
Im Kabarett hat es Spaß gemacht;
und auf dem Theaterkahn sowieso.

Wir haben uns Dresden angeseh'n:
Das Grüne Gewölbe, Pfunds Molkerei,
die Semperoper war natürlich dabei,
und auch an der Elbe war es schön.

Wir seh'n dich noch staunen wie ein Kind.
Und lesen, mit dem Buch in der Hand.
Du nahmst alles auf mit wachem Verstand,
machtest Pläne mit uns, die vergangen sind.

Wir gehen mit dir durch stille Gassen. –
In Gedanken läufst du neben uns her.
Du sprichst mit uns, doch sagst nichts mehr.
So wollen wir dich im Bild umfassen.

Dein Schwager Heinz

10. März 2011

Herz in Not

Für Ruth Piehler

„Ein Mensch hat, außer Redensarten,
nicht mehr viel Schönes zu erwarten."
Hier irrt der Dichter Eugen Roth,
denn: Hoppla, wir sind noch nicht tot.
Die neue Klappe, frisch vom Schwein*,
wird viele Jahre dienstbar sein.
Ach ja, das Herz, es kommt in Not
und manchmal hinkt es, sapperlot!
Doch Ärztekunst plus Lebensmut
ergibt Gesundheit! Und die tut gut.

** Ruth Piehler erhielt eine neue, ganz frische Herzklappe von einem Schwein. Schwein gehabt! In ihrem Bestseller „Pantherherz in Not oder die Rückkehr ins Leben" weiß sie nach ihrer Herzoperation ein Lied davon zu singen.*

27. Juni 2005

Mut, Herz und Kreuz

Noch ein Gedicht für Ruth Piehler

Ein Mensch, bekommt er einen Orden*,
ist stolz, im Süden wie im Norden.
Am Bande hängt das schöne Stück,
man blickt nach vorn und auch zurück,
in all den wunderbaren Reden;
die Träne quillt, Ehrfurcht fasst jeden.
Vergessen wir hier nicht zu sagen,
drei Dinge braucht's an allen Tagen,
die ein Ordensträger haben muss:
Viel Mut, viel Herz, viel Kreuz!
Und Schluss!

** Ruth Piehler bekam am 11. 02. 2009 im Barocksaal der Thüringer Staatskanzlei in Erfurt das Verdienstkreuz am Bande des Verdienstordens der Bundesrepublik Deutschland verliehen. Glückwunsch!*

09. Februar 2009

… Kolumnen

Die **Kolumne** (von der *Kolumne* des Drucksatzes, aus lat. *columna* „Stütze“, „Säule“) bezeichnet in der Presse sowie im Online-Journalismus einen kurzen Meinungsbeitrag als journalistische Kleinform. Der Autor einer regelmäßig erscheinenden Kolumne wird auch **Kolumnist** genannt.

Aus: „Wikipedia, der freien Enzyklopädie“

Schreiben tut weh!

In Molmerswende habe ich mein Herz verloren. Es ist irgendwann im Herbst gewesen und schon viele Jahre her.

Wie es dazu gekommen ist, möchte jemand wissen? Na gut, ich werde versuchen, in aller Kürze darauf zu antworten.

Das Bezirkskabinett für Kulturarbeit hatte – einer guten Tradition folgend – wieder einmal zu einer Werkstattwoche der schreibenden Arbeiter des Bezirkes Halle eingeladen. Wohin? Nach Molmerswende! Wo liegt denn das? Inzwischen weiß ich es ziemlich genau. Mit verbundenen Augen würde ich heute dorthin finden.

Werkstattwoche, das hieß schon immer: viel Arbeit, wenig Schlaf. In Molmerswende war das natürlich nicht anders.

In den Morgenstunden folgten wir aufmerksam den Vorlesungen von Professoren und Doktoren der Martin-Luther-Universität Halle-Wittenberg. Alle Akteure ritten dabei beflissen und äußerst engagiert ihre literarischen Steckenpferde, gaben damit kund und zu wissen, dass sie eine ganze Menge von ihren Fächern verstehen, von Literatur und Geschichte und überhaupt.

Nachmittags lasen die Schreibenden – nunmehr in kleine Gruppen aufgeteilt – aus ihren eigenen, meist neuen Arbeiten. Selten gab es ein ganz dickes Lob und volle Zustimmung für einen Text.

Fast immer fühlten sich die Anwesenden dazu berufen, das soeben gehörte Gedicht oder die gerade vernommene Geschichte unbedingt verbessern zu wollen oder gründlich auseinander zu nehmen. Schreiben tut weh!

Abends mischten wir uns unter die Molmerswender und saßen bis Mitternacht in der Gaststätte „Tenne". Es wurde gegessen, getrunken, geraucht und voller Leidenschaft diskutiert: über unsere Sache und unseren Anteil an den Kämpfen dieser Zeit. Eines steht jedenfalls fest, schreibende Arbeiter sind nicht feige.

Interessiert hörten wir zu, was uns Robert Poppe, Arno Krüger und Rudolf Renner über die Geschichte ihrer Gemeinde zu berichten hatten. Und über das Leben und literarische Werk des wohl bekanntesten Sohnes ihres Heimatortes. Gottfried August Bürger erblickte hier – am letzten Tag des Jahres 1747 – als Sohn eines Landpfarrers das Licht der Welt. Er hat wunderbare Gedichte und Aphorismen geschrieben. National und international bekanntgeworden ist er aber durch seinen „Baron Münchhausen", ein wahres Volksbuch, das weite Verbreitung fand.

Vor rund 200 Jahren erschien die erste Ausgabe, doch bis heute werden die unglaublichen

Ein Minibüchlein dem Dichter zur Ehre.

Geschichten des Freiherrn immer wieder gern gelesen.
Die schreibenden Arbeiter haben sich des Öfteren bemüht, neue Lügengeschichten zu schreiben. Manchmal ist ihnen das sogar gelungen. Übrigens: den Molmerswendern etwas Neues über ihren Gottfried August Bürger erzählen zu wollen, hieße, dem Baron von Münchhausen das Flunkern zu lehren.
Seit mehr als zwanzig Jahren finden in Molmerswende die Dorffestspiele der Neuzeit statt. Das silberne Jubiläum steht bald ins Haus. Gottfried August Bürger ist jedenfalls immer mit dabei: im Festumzug, in der „Tenne", an der Freilichtbühne, in der Dorfkirche, am Denkmal, auf allen Straßen und in den Herzen seiner zahlreichen literarischen Freunde.
Irgendwann bei einem Dorffest habe ich auf einem großen Schokoladenherzen in weißer Zuckerschrift den Zweizeiler gelesen: „Eins bleibt bis ans Ende, mein Herz gehört nach Molmerswende!"

Manchmal denke ich, dieser Spruch stammt von mir.

1986

Drei Männer machen Mut

Wer mich auch nur ein bisschen kennt, der weiß, dass ich mir heute einen Traum erfülle: Ich gebe eine eigene Zeitung heraus! Drei Wittenberger Männer machen mir Mut dazu.

In seinem Vorwort zu einer Schriftenreihe des Kulturbundes schreibt Dr.-Ing. Dieter Schäfer: „Heimatgeschichte wird oft als die kleine Schwester der National- oder Weltgeschichte verkannt." *Das könnte man ändern.*

Friedrich Schorlemmer sagte mir vor fünf Jahren in einem bisher noch nicht veröffentlichten Interview unter anderem: „Ich möchte aufmerksam machen darauf, dass wir einen wunderbaren Marktplatz haben. Ich freue mich, dass dort jetzt das Markttreiben wieder gekommen ist. Und ich hoffe, dass es sich richtig entfaltet. Ich möchte gerne, dass dieser Markt nicht nur ein Markt der Waren wird, sondern auch wieder Markt der Meinungen ..." *Das wäre schön.*

Von Martin Luther kennen wir so manches wunderbare Wort. So auch dies: „Lies nur, lies! Du wirst wohl immer etwas finden, das du zuvor nicht gewusst hast." *Das will ich hoffen.*

Heinz Freiberg

Aus: „Marktplatz", kostenlose Erstausgabe für die Lutherstadt Wittenberg, September 1995

DER DUMME REST*

oder Typisch Ossi

Nein, was haben wir gelacht! Über uns, über andere, über unsere Republik; obwohl manches wirklich nicht zum Lachen war. Wir entwickelten Fähigkeiten, die anderswo verkümmerten, ja, überhaupt nicht vorhanden waren.

Zuerst einmal wurden wir WIR. Manche nannten den Schritt vom ICH zum WIR den Plural der Bescheidenheit.

Und dann: Wir konnten beispielsweise zwischen den Zeilen lesen; Worte also, die gar nicht in Zeitungen und Büchern standen. Jaja, wir kannten uns aus in der Sprache des Äsop, der Sklavensprache.

Damit führten wir die Herrschenden vor, also ein bisschen an der Nase herum. Nein, was haben wir gelacht.

Manchem aber verging das Lachen schnell und lange. Das „Gelbe Elend" – wie man den Bautzener Knast noch heute nennt – war alles andere als ein Comedy-Palast.

Und noch etwas zeichnete den typischen Ossi aus: Er sammelte einfach alles, hob alles auf; jeden krummen Nagel, jede abgebrochene Latte, jeden kaputten Topf. Das wiederum war die wesentlichste Voraussetzung dafür, sein ohne-

hin schon überdurchschnittlich entwickeltes Improvisationstalent noch weiter zu perfektionieren. Der Ossi machte aus Schei... Bonbons. Und wenn es sein musste, erfüllte er dabei seinen Plan mit mindestens 120 Prozent. Denn es ging immer etwas in den Export oder zu Freunden. Und er wusste auch, dass aus seinem Betrieb noch viel mehr herauszuholen ist.
Nein, was haben wir damals gelacht. Und geweint. Und gehasst. Und geliebt. Irgendwie musste man ja die lange Wartezeit auf den TRABANT überbrücken.
Nun aber – vierzehn Jahre nach der feindlichen Übernahme – ist Schluss mit lustig, endgültig. Da wird uns, den Ossis, das Lachen schon vergehen!
Jetzt kommen sie, die Ostalgie-Shows; geballt, gezielt, gerichtet; als Dauerfeuer auf allen deutschsprachigen Fernsehkanälen. Sie werden uns zeigen, wie es wirklich war!
Na, wenn das nicht zum Lachen ist!?

Aus: Zeitschrift „Grauer Panther“, Doppelausgabe Nr. 3 und 4/2003 und auch anderswo.

* **D**ER **D**UMME **R**EST: „Scherzhafter Ausdruck“ für all jene DDR-Bürger, die sturerweise ihre Heimat nicht aufgeben und im Stich lassen wollten, um dann später als Letzte das Licht auszumachen.

„Vieles ist besser, noch nicht alles ist gut!?“

„Der Fuchs ist schlau und stellt sich dumm, beim Wessi ist es anders rum.“ Dieser Zweizeiler macht zurzeit im Osten die Runde. Richtig böse gemeint ist das natürlich nicht, aber dennoch bleibt uns das Lachen im Halse stecken. Satire, so meinen manche, soll töten, aber nicht verletzen.

Symptomatisch sind die „witzigen“ Sprüche in Ost und West allemal. Da wie dort haben die Vorurteile gegenüber dem ANDEREN Hochkonjunktur. Die Klischees hängen uns an wie Kletten an den Kleidern.

Der OSSI im tiefen Tal des Jammerns; der WESSI auf dem hohen Gipfel der Arroganz. Die „Selbstzerfleischung“ ist Tagesgeschäft, im Großen wie im Kleinen. Doch ungeachtet all dessen ist die Lage im Land sehr viel besser als die Stimmung. Das ist irgendwie beruhigend.

An diesem Wochenende wird bei einem Festakt anlässlich des Tages der Deutschen Einheit in Erfurt der Bürgerpreis verliehen. Wir Ossis hätten ihn – respektlos, wie wir manchmal gewesen sind – wahrscheinlich „Durchhalteorden“ genannt. Erstmals geht der neue „Einheitspreis“

auch an Vertreter der Medien, weil – man höre und staune – diese über deutsch-deutsche *Gemeinsamkeiten* und *Unterschiede* berichtet hätten. So der Laudator und Bundestagspräsident Wolfgang Thierse.

Apropos Orden! Hin und wieder treffen sie auch die RICHTIGEN; diesmal sogar eine von uns, eine GRAUE. Ruth Piehler, 81 Jahre, ist vor kurzem mit dem Verdienstkreuz am Bande des Verdienstordens der Bundesrepublik Deutschland ausgezeichnet worden. Herzlichen Glückwunsch an die Grande Dame von Gera. Sie hat diese hohe Ehrung wirklich verdient.

Doch zurück zu den deutsch-deutschen Befindlichkeiten, den Gemeinsamkeiten und Unterschieden. Noch nie gab es in den verschiedenen Regionen Deutschlands gleiche Lebensverhältnisse, und gleichen Lohn für gleiche Arbeit.

Schon mein Großvater erzählte mir, dass der Steinkohlenkumpel im Schlesischen stets viel weniger verdiente, als sein Kollege im Ruhrgebiet.

Wie soll man heutzutage Bayern mit Mecklenburg-Vorpommern vergleichen? Wie einen Manager aus Nordrhein-Westfalen mit einem Erwerbslosen aus Sachsen? Wie einen Beamten aus Stuttgart mit einer Verkäuferin aus Magdeburg? Traum und Wirklichkeit klaffen weit auseinander, wie das Einkommen in Ost und West. Das wird noch lange so bleiben. Leider.

Ich halte es vorerst mit einem Wort des Schriftstellers Erich Loest: „Vieles ist besser, noch nicht alles ist gut!?"

02. Oktober 2004

Aus: „Das Wort zum Sonn- und Feiertag" – Aus einer Rede von mir, gehalten in der „Pantherhalle" Wuppertal anlässlich einer Zusammenkunft zum Tag der Deutschen Einheit.

Ruth Piehler aus Gera bei einer Signierstunde.

Die Titelseite des Bestsellers von Trude Unruh.

Trude spricht Klartext

Vor mehr als 20 Jahren erschien das Buch *„Aufruf zur Rebellion"*. Die Verfasserin: Trude Unruh. Der Verlag: Klartext. Auf der Titelseite: Eine beherzte Frau mit Weitsichtbrille und Megaphon.
Besser kann sich das Bild nicht runden: Trude Unruh spricht Klartext. Und das erste Kapitel dieses Bestsellers heißt wie der Untertitel auf dem Buchumschlag: *„Graue Panther machen Geschichte"*. Klingt spannend, und, ist es auch.
Einmal muss man dieses Buch gelesen haben, und – zur Auffrischung der eigenen Gedanken – sollte es immer griffbereit im Bücherschrank stehen. Es macht Mut und gibt Kraft. Und es schockt.
Trude Unruh reicht uns von jeder Seite des Buches ihre Hand; offen, zärtlich, geballt. Da geht man gern mit ihr ein Stück des gemeinsamen Weges. Man schreitet an ihrer Seite kräftiger aus, fühlt sich aufgenommen, verstanden und viel, viel sicherer.
Neben ihr ändert sich der eigene „Aggregatzustand", weil allein schon ihr Name Programm ist. Die RUH ist hin, die UNRUH lebt. So ist sie eben, die Trude, bald 80, und kein bisschen leiser. Und man ist froh, dass man sie kennt.

2004

Aus: Zeitschrift „Grauer Panther" (Internet-Version)

Schlag auf Schlag und voll daneben

Passend zur fünften Jahreszeit steigen nun wieder die Redner a la coleur in die Bütt. Wollen wir sie reinlassen?

Tata-Tatä-Täterättete!

Der Eichel, Hans, ist allbekannt,
er stiehlt *den* Feiertag dem Land!

Tata-Tatä-Täterättete!

Allen Ernstes hat doch unser Finanzminister (SPD) unlängst vorgeschlagen, den Tag der Deutschen Einheit abzuschaffen, um damit angeblich der deutschen Wirtschaft auf die Beine zu helfen. Wie unsensibel muss man denn eigentlich noch sein, um 15 Jahre nach der Wiedervereinigung der beiden deutschen Staaten, den gemeinsam erkämpften Feiertag wieder abschaffen zu wollen?
Wie wir alle wissen, „hat das ja noch 'mal jutjejangen", denn ein Minister macht noch keine Sozialdemokratie.

Wer aber glaubt, dies wäre nicht mehr zu toppen (zu Deutsch: zu übertreffen), der irrt sich hier gewaltig. Denn Jürgen Trittin und Hans-Christian Ströbele (beide GRÜNE) haben eine noch viel bessere Idee:

Lasst unsren deutschen Feiertag in Ruh,
schafft einen für Muslime noch dazu!

Tata-Tatä-Täterättete!

Ich wohne in Sachsen, wo bekanntlich nicht nur schöne Mädchen, sondern auch Neonazis prächtig wachsen. Die Letzteren haben ihre helle Freude daran, sich die wundersamen und schwachsinnigen Vorschläge der rot-grünen „Vaterlandsverräter" anzuhören. Das ist Wasser auf ihre Mühlen. Und wenn ich mich nicht ganz täusche, dann hört man diese Mühlen mahlen.
Schon in der Bibel steht: „Wer Ohren hat, zu hören, der höre!" Aber auf mich hört ja sowieso keiner.

Übrigens wundert es mich nicht, dass man mit der Wahrheit immer erst nach einer Wahl herausrückt. Was mich aber dennoch stutzig macht, ist die Tatsache, dass man bis zur nächsten Wahl scheinbar alles wieder vergessen hat.

Wer sein Kreuz an der verkehrten Stelle macht, der muss es eben tragen. So einfach ist das!

Ich habe ein großes Herz für alle Menschen auf dieser Welt, aber wer wollte es mir übel nehmen, stolz auf *meine Muttersprache* und *mein Vaterland* zu sein!? Ich bin kein Deutschtümler. Und das wissen alle, die mich kennen.
Beschwichtigend und zugleich fordernd sagen meine Freunde und Bekannten zu mir: „Nun lass aber 'mal die Kirche im Dorf!" Na, gut, antworte ich trotzig und etwas kleinlaut, aber nur unter einer Bedingung, dass die Moscheen auch dort bleiben, wo sie hingehören.

16. November 2004

Aus: „Feiertagsdebatten" – Ein Redebeitrag von mir in der Wuppertaler Pantherhalle.

Die Parteizentrale der „Grauen Panther".

Jedes Kind braucht einen Namen

Liebe Leserinnen und Leser!
„P.S. – POSTSKRIPTUM" soll das neue Informationsblatt der Trude-Unruh-Akademie heißen. Schließlich muss jedes Kind einen ordentlichen Namen haben. Das Kürzel P.S. kann aber für Vieles gelten: für Patentschrift und Personenschaden zum Beispiel oder für Pferdestärken und nicht zuletzt für eine letzte Anmerkung unter einem Brief. Die Abbreviatur P.S. (zu Deutsch Abkürzung) steht ursprünglich aber für die Worte *post* und *skriptum,* was in etwa so viel heißt, wie: Nachher geschrieben.
Die Redaktion von „P.S." hat sich fest vorgenommen, in den kommenden Jahren mehrfach über die Aktivitäten des Generationenbildungswerkes „Graue Panther" e. V. als Träger der Trude-Unruh-Akademie zu berichten. Mit „POSTSKRIPTUM Nr. 01/05" ist nunmehr der Anfang gemacht. Und wenn ich mir erlauben darf, eine weitere Bedeutung für das Kürzel „P.S." hinzuzufügen, dann diese: „P.S." heißt auch Publizieren und Studieren! Sie alle sind dazu herzlich eingeladen.
Der Spruch des Jahres heißt übrigens: *GEIST IST GEIL!*

Aus: „Postskriptum", Ausgabe Nr. 01/2005

P.S.

Erwartungsvolle Gäste im Geraer Rathaussaal. Foto: Roland Reiche (4)

DIE TRUDE-UNRUH-AKADEMIE INFORMIERT · POSTSKRIPTUM 1/05

Das Fazit: Gewinner sind alle, Jung und Alt

(Eigenbericht) Der 28. September 2005 ist ein Werktag wie jeder andere und doch etwas ganz Besonderes. Das spüren alle, die an diesem Mittwoch-Nachmittag in den wunderschönen Rathaussaal von Gera gekommen sind.

Alles quirlt fröhlich durcheinander, bevor gegen 16.30 Uhr feierliche Ruhe eintritt. Der offizielle Festakt zum Abschluss des Schülerwettbewerbes „Wie will ich im Alter leben?" beginnt. Ruth Pichler, die Grand dame des Senioren-Schutz-Bundes „Graue Panther" e. V. und Gründerin des Ersten Lebenshauses in Thüringen, eröffnet die Auszeichnungsveranstaltung, auf der die besten Arbeiten prämiert werden sollen.

Der Mädchenchor des Goethe-Gymnasiums unter Leitung von Rainer Müller erntet für die stimmungsvolle musikalische Umrahmung des Programms mehrfach herzlichen Beifall. Alle, die an diesem Tag das Wort ergreifen – so Frau Christiane Neudert, Frau Christa Schleßier, Frau Ingeborg Reiche, Herr Heinz Freiberg

(Fortsetzung auf Seite 3)

Frau Ingeborg Reiche und Frau Christa Schleßier vom Seniorenschutzbund „Graue Panther" Gera-Thüringen e.V. zeichnen während der Abschlussveranstaltung die Preisträger im Schülerwettbewerb aus.

Liebe Leserinnen und Leser!

„P.S. - POSTSKRIPTUM" soll das neue Informationsblatt der Trude-Unruh-Akademie heißen. Schließlich muß jedes Kind einen ordentlichen Namen haben. Das Kürzel P.S. kann für Vieles gelten: für Patentschrift und Personenschaden zum Beispiel, oder für Pferdestärken und eine allerletzte Anmerkung unter einem Schriftstück, einem Brief.

Jedes Kind braucht einen Namen

Die Abbreviatur (zu deutsch Abkürzung) steht ursprünglich aber für die Worte **post** und **skriptum**, was in etwa heißt: **nachher geschrieben**. Soviel also zur Erläuterung und zur freundlichen Erinnerung an das einst so „geliebte" Fach Latein.

Die Redaktion von P.S. hat sich fest vorgenommen, in den kommenden Jahren mehrfach über die Aktivitäten des Generationenbildungswerkes „Graue Panther" e. V. als Träger der Trude-Unruh-Akademie zu berichten. Mit dieser ersten Ausgabe „POSTSKRIPTUM 1/05" soll der Anfang gemacht werden.

Und wenn ich mir erlauben darf, eine weitere Bedeutung für das Kürzel P.S. hinzuzufügen, dann diese: Publizieren und Studieren.

Sie alle, verehrte Leserinnen und Leser, sind dazu herzlich eingeladen und aufgerufen.

H. F.

Spruch des Jahres:

Geist ist geil!

Postskriptum Ausgabe Nr. 01/2005, Seite 1

P.S.

DIE TRUDE-UNRUH-AKADEMIE INFORMIERT · POSTSKRIPTUM 1/06

623 Autoren beim Wettbewerb dabei

1. Literaturpreis ging nach Sachsen

Sonderpreis für André Krajewski

Geschichten von Generationen

Postskriptum Ausgabe Nr. 01/2006, Seite 1

Fünf vor, fünf nach

Es ist fünf vor zwölf. Ich stehe bei *Abeler*, dem renommierten Uhrengeschäft und -museum von Wuppertal. Gleich ist es soweit.

Das Glockenspiel hebt an. Figuren beginnen ihren Reigen.

Chronos, der Wächter der Zeit, tritt links aus einer Fenstertür hervor. Bedeutungsvoll, ja geradezu beschwörend, dreht er seine Sanduhr um. Von rechts folgt ihm der Tod. Der schneidet mit der Sense die Zeit ab, stumm und gnadenlos.

Und während beide wieder hinter den aufgeklappten Fenstertüren verschwinden, intoniert das mechanische Glockenspiel eine fröhliche Melodie: „Es war eine Mutter, die hatte vier Kinder, den Frühling, den Sommer, den Herbst und den Winter, ..."

Nun kommt der große Auftritt von *Zuckerfritz* und *August Kallenbach*. Die beiden Wuppertaler Originale ziehen ihre voraus bestimmte Bahn. Dann ist auch das vorüber.

Die Zeit hat keine Zeit. Die Uhren gehen weiter. Es ist fünf nach zwölf.

Das Spiel ist aus, der Figurenumlauf vorbei.

Vergänglichkeit, hier ist's Ereignis! Oh, großer Dichterfürst, wie recht du hast. Hier in Wuppertal – wo einst alles so hoffnungsvoll begann – geht nun auch alles zu Ende. Aus und vorbei!

Gestern ist sie gestorben, genau um 15.20 Uhr. Wie sehr wird sie uns wirklich fehlen, die teure Tote?*

Scheußliches Wetter. Es nieselt. Mir ist kalt. Ich gehe eiligen Schrittes zum Bahnhof. Ich will nur noch nach Hause.

Sonntag, 02. März 2008

* Am Samstag, dem 01. März 2008, beschloss der Bundesdelegiertenparteitag der Partei „DIE GRAUEN – Graue Panther" in Wuppertal mit 42 zu 12 Stimmen die Auflösung der Partei. Aber merke: Noch am gleichen Tag wurde in unserer Hauptstadt Berlin die Nachfolgepartei „DIE GRAUEN – Generationspartei" (JUNG, DYNAMISCH, FRECH UND MUTIG) geboren. Sie ist aber nicht sehr alt geworden und verstarb früh.

Veröffentlicht in verschiedenen Printmedien und im Internet.

... Leserbriefe

Früher, als ich noch ein ganz junger Redakteur war, musste ich auch Lesebriefe bearbeiten. Das ist nicht so einfach, wie man vielleicht denkt. Beim Unkraut jäten weiß man, was man zu machen hat und was raus muss. Aber auch nicht immer.

Später schrieb ich dann selbst Leserbriefe an verschiedene Redaktionen. Die meisten werden wohl im Papierkorb gelandet sein, denn sie wurden nie gedruckt. Auf eine Antwort, einen Rückruf oder gar ein Dankeschön wartete man stets vergebens.

Einige meiner Briefe erblickten – mehr oder weniger verstümmelt – aber dennoch das Licht der Welt, wurden gelesen oder nicht, regten die Rezipienten an oder auf. Schelte gab es oft, Geld nie.

Alle wollen nur ihr eigenes Süppchen kochen

Ich hätte es nicht für möglich gehalten: 15 Jahre nach der „Wende" gehe ich wieder zur Montagsdemo. Diesmal nicht in Halle an der Saale, nicht in Leipzig und auch nicht in meiner Heimat- und Lutherstadt Wittenberg, sondern in Dresden. Manches kommt mir bekannt vor und doch ist alles irgendwie anders.

Letzten Montag (am 23. August 2004) wurde über Lautsprecher und Megaphon in Dresden lauthals skandiert: „Wir sind das Volk!" Das ist der Klassiker unter den Losungen. – Aber mir scheint, die Wirkung verpufft zunehmend. Die Worte sind schal geworden; sie sind abgegriffen, verbraucht, vernutzt.

Andere riefen, scheinbar belustigt, aber von der ungeheuren Wirksamkeit ihres Zweizeilers fest überzeugt: „Hartz in die Elbe, mit Schröder dasselbe!" Bei Niedrigwasser hilft das wenig und geht den Genannten – mit Verlaub gesagt – ganz sicher am Ar... vorbei.

Und dann war da noch ein kräftiger Spruch mit drei Pünktchen am Ende: „Jeder Bürger, der muss wissen, von den Hartz-Parteien wirst du nur beschi..." Immerhin war das den „Dresdner Neuesten Nachrichten" am Tag darauf ein fünfspaltiges Foto auf Seite 1 wert. Das ist lobenswert. Aber der Geist und der Atem des 89er Herbstes wehen nicht mehr. Die Kreuzkirche schließt ihre Türen ab, Punkt 18.00 Uhr, zu eben jener Zeit, da sich die Demonstranten vor ihr versammelt haben. Die Nische ist weg, das Gebet auch.

Was bleibt ist die Selbstdarstellung. Ein bunter Haufen – Mitglieder von Parteien und Organisationen, Bürgerinitiativen und Vereinen, Gruppen und Grüppchen aller Art und jeglicher Coleur – wuseln über den Altmarkt, um in aller Eile noch schnell ihr „Agitationsmaterial" loszuwerden. Die einen empfehlen dabei nur ihre (die einzig wahre!) Partei, die anderen wollen erst noch eine gründen. Manche haben schon immer gewusst, wie alles gekommen ist und wissen auch genau, wie es wirklich besser werden kann. Ganz andere wiederum wollen eine eigene Dresdner Währung (nicht neu und nicht schlecht!) oder die vier Bildnisse von Marx, Engels, Lenin und Stalin auf rotem Grund. – Ein einziger Jahrmarkt der Eitelkeiten und schnöder Egoismen.

Alle wollen nur ihr eigenes Süppchen kochen, und das ist denen, die die Macht haben und behalten wollen, ganz recht so. „Teile und herrsche!" Ach, du lieber Gott, wie alt ist das denn schon?

Irgendwo in der Menge ein älterer, unscheinbarer Mann. Auch er verteilt Zettel, ganz kleine, nur DIN A 6 groß und selbst kopiert. Er ist parteilos und ergreift Partei und heißt Günter Rahm, wie er mir sagt. Auf einem seiner Zettelchen erinnert er an die Fabel „Der Schwan, der Hecht und der Krebs“ von Iwan Krylow.
Alle drei tun bekanntlich ihr Äußerstes, um den Karren von der Stelle zu ziehen. Aber es fehlt ihnen das gemeinsame Wollen und Handeln. Und die Lehre ist: „Weil nichts im Einklang hier geschah, steht heute noch die Karre da.“
Im Dreck ist sie ja schon länger! H. F.

Alle wollen nur ihr eigenes Süppchen kochen

Zur Montagsdemo

Ich hätte es nicht für möglich gehalten: 15 Jahre nach der „Wende“ gehe ich wieder zur Montagsdemo. Letzten Montag wurde über Lautsprecher und Megaphon in Dresden lauthals skandiert: „Wir sind das Volk!“ Das ist der Klassiker unter den Losungen. – Aber mir scheint, die Wirkung verpufft zunehmend. Die Worte sind schal geworden; sie sind abgegriffen, verbraucht, vernutzt. Andere riefen, scheinbar belustigt und von der ungeheuren Wirksamkeit ihres Zweizeilers tief beeindruckt: „Hartz in die Elbe, mit Schröder gleich dasselbe!“ Bei Niedrigwasser hilft das wenig und geht den beiund jeglicher Couleur – wuseln über den Altmarkt, um in aller Eile noch schnell ihr „Agitationsmaterial“ loszuwerden.

Die einen wollen nur ihre Partei dringend empfehlen, die anderen erst noch eine gründen. Manche haben schon immer gewusst, wie alles kommen wird und wissen genau, wie es wirklich besser werden kann. Ganz andere wiederum wollen eine eigene Dresdner Währung (nicht neu und nicht schlecht!) oder die vier Bildnisse von Marx, Engels, Lenin und Stalin auf rotem Grund. – Ein einziger Jahrmarkt der Eitelkeiten und der Egoismen. Alle wollen nur ihr eigenes Süppchen kochen, und

Fast vollständig so abgedruckt in der DNN vom 28./29.08.2004 – Verkleinertes Faksimile.

Ein Leserbrief zum Leserbrief auf einen Leserbrief

Viel Gedöns von Donsbach

Natürlich ist es gut, wenn Herr Prof. Dr. Wolfgang Donsbach eine eigene Meinung hat, auch dann, wenn er bei einem bestimmten Ereignis nicht selbst dabei gewesen ist.
Mich erinnert seine Schimpfkanonade in der DNN vom 04./05.12.2004 gegen das Dresdner Staatsschauspiel fatal an meine Zeit als DDR-Journalist. Wir hatten da einen Kollegen im Redaktionskollegium, der bei der Besprechung eines Beitrages stets und ständig seinen Senf mit den Worten hinzutat: „Liebe Genossinnen und Genossen, ich habe den Artikel zwar nicht gelesen, aber ich muss ’mal was Grundsätzliches dazu sagen!“
Es war einfach nur peinlich!
Und ganz genau so wie damals zieht heutzutage der oben genannte Prof. Dr. Donsbach, seines Zeichens Direktor des Instituts für Kommunikationswissenschaft der TU Dresden, in Bausch und Bogen über all jene her, die sich erlauben, die Dinge anders zu sehen, als er selbst. Wo bleibt da, Herr Professor, die Freiheit des/der Andersdenkenden? Wovon, Herr Professor, soll der „Chor der Arbeitslosen“ singen? Von Friede, Freude, Eierkuchen? Sieht Ihre

Wirklichkeit, Herr Professor, dagegen nicht ein klein wenig anders aus? Sollten vielleicht Sie und nicht all die anderen an Realitätsverlust leiden?

Sie unterstellen in Ihrem Zeitungsbeitrag den Akteuren des Dresdner Staatsschauspiels, „am Rande der Republik“ endlich einmal in die Schlagzeilen kommen zu wollen; dem Regisseur, Hassfantasien mit „den richtigen kleinen Hinweisen“ initiiert und damit Summa summarum, „die NPD nun symbolisch auf die Bühne geholt“ zu haben.

Sie verteufeln ohne Ende und erklären (zwar nur im Konjunktiv) alle Theaterbesucher zu Deppen und potentiellen Attentätern. Sie wörtlich: „Kranke Hirne werden durch solche medial transportierten Aussagen überhaupt erst auf Ideen gebracht.“ Sie kanzeln alles gnadenlos ab: die Kunst im Allgemeinen und Andersdenkende im Besonderen.

Und Sie vergessen vor allem eines, dass die „gelernten“ DDR-Bürger (ich nehme an, sie repräsentieren die große Masse des heutigen Theaterpublikums) geradezu allergisch gegen jedwede Zensur und daher Meister im Verstehen der äsopschen Sprachweise sind. Sie lesen, was geschrieben steht; sie hören, was gesprochen wird, aber sie lesen und hören auch das, was dazwischen ist.

Gerade hier fällt mir ein Paradoxon ein, das ich sehr liebe und immer wieder gern zum Besten gebe: Es muss ja nicht alles stimmen, was ich sage; Hauptsache, es ist wahr!

Müsste ich in Dresden morgen auf die Straße gehen, um für das Schauspiel „Die Weber“ zu demonstrieren, dann würde ich noch heute Nacht, ganz schnell und in Großbuchstaben, drei Transparente schreiben:

STUTZT DEN ENGELN NICHT
DIE FLÜGEL!
NIEDER MIT DER ZENSUR!
ES LEBE DIE KÜNSTLERISCHE
FREIHEIT!

Wo bleibt die Freiheit des Andersdenkenden?

Zum Brief von Prof. Dr. Wolfgang Donsbach

Natürlich ist es gut, wenn Herr Prof. Dr. Wolfgang Donsbach eine Meinung hat, auch dann, wenn er bei einem bestimmten Ereignis nicht dabei gewesen ist. Mich erinnert seine Schimpfkanonade gegen das Dresdner Staatsschauspiel an meine Zeit als DDR-Journalist. Da hatten wir jemanden im Redaktionskollegium, der bei der Besprechung eines Beitrages stets und ständig seinen Senf mit den Worten hinzutat: „Liebe Genossinnen und Genossen, ich habe den Artikel zwar nicht gelesen, aber ich muss mal etwas Grundsätzliches dazu sagen!"

Und genau so wie damals zieht Donsbach, seines Zeichens Direktor des Instituts für Kommunikationswissenschaft der TU Dresden, in Bausch und Bogen über all jene her, die sich erlauben, die Dinge anders zu sehen als er selbst. Wo bleibt da, Herr Professor, die Freiheit des / der Andersdenkenden? Wovon, Herr Professor, soll der „Chor der Arbeitslosen" singen? – von Friede, Freude, Eierkuchen? Sieht Donsbachs Wirklichkeit dagegen nicht ein klein wenig anders aus? Sollte vielleicht er und nicht all die anderen an Realitätsverlust leiden?

Am 05. Dezember 2004 vorab als Fax, tags darauf dann als Brief an die Leserbriefredaktion der DNN, das Ensemble des Dresdner Staatsschauspiels und an Herrn Prof. Dr. Donsbach verschickt. Dieser Leserbrief wurde, arg gestutzt, am 11./12.12.2004 in der DNN abgedruckt – Siehe Faksimile, auf den Seiten 56 und 57.

Gratulation zur 100. Ausgabe der Online-Zeitung „Artikel Eins"

Weiterhin Mut machen und standhaft bleiben

Liebe Redaktion!

Ich gratuliere zur 100. Ausgabe Ihrer Online-Zeitung „Artikel Eins" recht herzlich und wünsche vorerst weitere 100 Ausgaben. Mit einer Handvoll Redakteure und einer weiteren Handvoll sehr aktiver Volkskorrespondenten regelmäßig (aller 14 Tage) eine acht- bis zwölfseitige Ausgabe herauszubringen, das ist nicht nur bemerkenswert, sondern: DES MERKENS WERT!

Hat Ihre Zeitung etwas bewirkt, verändert, verbessert? Ich meine, ja! Aber weil es vielen Menschen in unserem Lande noch zu gut geht, wird übersehen, dass es einem wachsenden Teil unserer Mitbürger (denn es werden an jedem Tag mehr!) zunehmend schlechter geht. Es mag vielleicht zynisch klingen, wenn ich behaupte, dass es uns allen erst dann wieder besser gehen wird, wenn es vielen im Lande (und darüber hinaus!) deutlich schlechter gehen wird. Die Not kennt kein Gebot und kein Verbot. – Nur, wer ganz unten ist, findet die Kraft, sich wieder zu erheben.

Seit Jahrhunderten weiß es die herrschende Klasse ganz genau, dass das Prinzip „Teile und herrsche!“ aller bestens funktioniert hat und auch weiter funktionieren wird. Und die da oben wissen auch, dass das Volk da unten stets „Brot und Spiele“ braucht. Ein bisschen Dummheit noch dazu kann auch nicht schaden, denn die Dummheit war, ist und bleibt unbesiegbar. Das wussten schon die alten Philosophen und Albert Einstein auch.

Was muss Ihre Zeitung also weiterhin tun? Mut machen, Unwissenheit bekämpfen, Aktionen organisieren, Aufrufe formulieren, Meinungen abdrucken, Dispute führen, Rücken stärken, Köpfe bilden, Herzen entzünden und Solidarität vervielfachen.

Und: Ein bisschen mehr „Frösi“, also fröhlich sein und singen, wäre auch nicht schlecht.

Ihr Heinz Freiberg

Artikel Eins

1/2006

Die Würde des Menschen ist unantastbar

Die unabhängige Kleinzeitung
1. Jahrgang • 1. Ausgabe
Spendenempfehlung ab 50 Cent

Nachrichten - Kommentare - Rechtsinformationen - Analysen

Demonstration mit vielen Menschen, aber ohne die großen Organisationen

Am 3. Juni war es soweit: Insgesamt über 20.000 Menschen marschierten durch Berlin. Die Fülle der bunten Transparente und anderer Materialien, T-Shirts der Überflüssigen und ähnlich treffende Symbolisierungen machte die Forderungen und Inhalte, Herkunft der Demonstrierenden usw. deutlich. Wirklich aus der gesamten Bundesrepublik waren die Menschen - zum großen Teil ALG-II-Empfänger, Hartz IV-Opfer sozusagen, aber auch andere - mit Bussen, Wochenendticket und auch einem Sonderzug aus Nordrhein-Westfalen nach Berlin gekommen.

Die Demonstration war ein Erfolg: Im Vorfeld der Demonstration waren keine Großorganisationen wie Gewerkschaften, Sozialverbände, Parteien oder auch das globalisierungskritische Netzwerk attac davon ausgegangen, dass eine solche Mobilisierung möglich wäre. Aus Furcht vor einem Misserfolg reagierten sie auf die Ankündigung der Demo wie mit angezogener Handbremse. Angesichts der Verstöße gegen die Menschlichkeit durch die deutschen Regierungen der letzten Monate, mindestens seit 2005, unter der unter anderem Hartz IV-Opfer, aber nicht nur sie, leiden, blieb aber nichts anderes übrig, als sich zu bewegen.

Die Sozialproteste haben deshalb alles auf eine Karte gesetzt: Viele kleine Organisationen, nämlich ein Netzwerk von Menschen in allen möglichen Organisationen, an vielen Orten und einige kleinere Organisationen hatten diesen gemeinsamen Willen in die Tat umgesetzt.

Und dieser gemeinsame Wille war so stark, dass auch die gewalttätigen Störungen durch die Polizei die gemeinsame Demonstration nicht gefährden konnten. In den Medien und auch in dieser Ausgabe (S. 3) wird über die polizeilichen Sturmmanöver und Angriffe berichtet.

Diese Demo geht an niemandem spurlos vorbei, die ausgelöste Dynamik wird den Widerstand im Herbst noch einmal verstärken: In der Regierung befinden sich alle bisher großen gesellschaftlichen Kräfte, so dass es einige Zeit brauchte, bis diese Allianz von Konservativen und Sozialdemokraten in ihrer Allmacht überhaupt angezweifelt werden konnte. Die Vorstände einiger Sozialverbände (Arbeiterwohlfahrt, Diakonische Werke und Deutsches Rotes Kreuz) haben sogar Mitte Mai weitere Verschärfungen bei Hartz IV gefordert und dadurch dem Fortentwicklungsgesetz Schützenhilfe geleistet. Jürgen Gohdes, Vorsitzender der Diakonischen Werke, musste nun wegen seines Verhaltens seinen Hut nehmen. Hoffen wir, dass weitere Schreibtischtäter so in die Klemme geraten werden, damit diese Einrichtungen, die der Menschenwürde verpflichtet sind, wieder ihre Arbeit tun können!

Schluss mit den Lügen!

Im Grunde genommen ist es leicht zu verstehen, dass die Interessen der Erwerbslosen und der Erwerbstätigen beinahe die gleichen, die der Arbeitgeber, der Aktionäre und der Parlamentarier der regierenden Parteien aber entgegengesetzt sind: Die einen haben ein Interesse an gerecht entlohnter Arbeit oder auch, wenn diese ausbleibt, an einem wirklich menschenwürdigen Grundeinkommen als individuellem Anspruch. Und sie haben Interesse an einem gut ausgestatteten Sozial- und Gesundheitssystem. Die anderen haben ein Interesse an niedrigen Löhnen, geringen Steuern für Vermögende und daher niedrigen Haushaltsausgaben für soziale Zwecke. In den Medien, die das Netzwerk der Kapitalbesitzer in den letzten Jahren immer dreister für seine Zwecke genutzt hat, wird dieser Zusammenhang verschleiert, verdreht

(Fortsetzung auf Seite 11)

Seite 2 und Seite 3 Am 03.06.2006 in Berlin - Berichte von unserer Demo
Seite 4 Wie im deutschen Bundestag gearbeitet wird
Seite 5 Blicke in die Zukunft. Wie es einmal aussehen könnte
Seite 7 Falsche Angaben zum ALG II in den Medien

Im Original so abgedruckt auf Seite 4 in der 101. Ausgabe der Online-Zeitung „Artikel Eins“ im November 2010.

Kurios und einmalig: Vor der Nummer 1/2006 gab es eine Nullte-Ausgabe, die am 03. Juni 2006 in Berlin verteilt wurde.

Ein Leserbrief zum Beitrag

„Durchblicken mit Marx“
von Katja Kipping

Sächsische Zeitung vom 12. April 2017, Seite 9

Es ist ein Paradoxon. Auf dem Foto Karl Marx als blinde Kuh mit roter Binde und darüber ist in kräftigen Lettern zu lesen: „Durchblicken mit Marx“. Eine Überschrift die mehr verspricht, als sie hält. Katja Kipping verweist am Anfang ihres Beitrages auf eine Karikatur aus der Wendezeit. Karl Marx, beinahe wie ein richtiger Kapitalist aussehend, lässig und mit den Händen in den Taschen sagt: „Tut mir leid Jungs! War halt nur so ’ne Idee von mir ...“

Nein, was haben wir damals gelacht. Der Schöpfer dieser wohl bekanntesten gesamtdeutschen Karikatur des Jahres 1990 ist der Grafiker Roland Beier. Sein Name soll hier genannt werden. So viel Zeit und Platz muss sein!

Um den großen Philosophen rein zu waschen, gesteht die Autorin Karl Marx mögliche Irrtümer zu (Es irrt der Mensch so lang er strebt.) und schreibt: „Auch geniale Analytiker können mal zu Fehlschlüssen kommen. Im Nachhinein ist es ein Leichtes, es besser zu wissen. Um es mit den

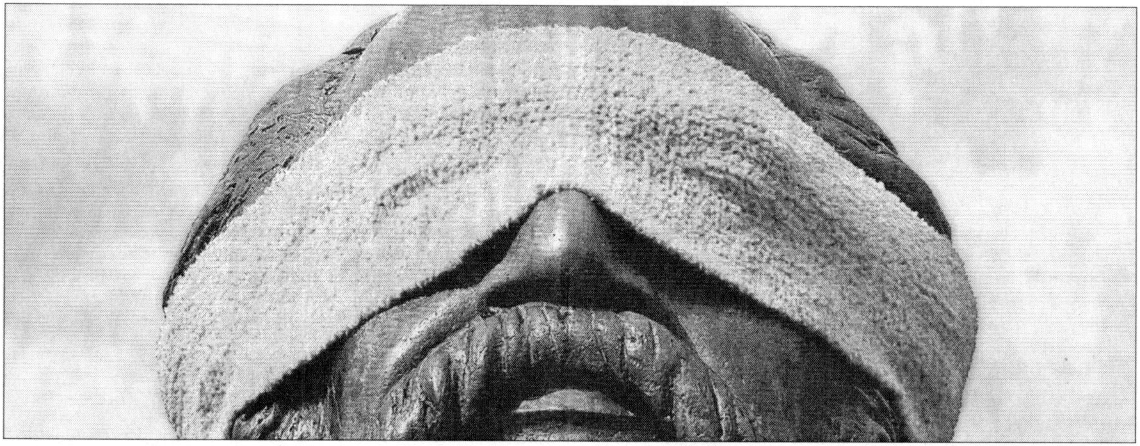

Für viele ist Karl Marx heute immer noch ein rotes Tuch. Zu Unrecht findet die Linken-Chefin.

Worten von Wolfgang Fritz Haug zu sagen: Auf den Schultern von Riesen können selbst Zwerge besser sehen."

Irgendjemand hat da etwas nicht ganz richtig abgeschrieben, denn diese wunderbare Metapher findet sich bereits im 12. Jahrhundert. Bernhard von Chartres schrieb um 1120: „Wir sind Zwerge, die auf den Schultern von Riesen sitzen. Nur weil wir von ihnen getragen werden, schauen wir weiter und tiefer als sie."

Das ist eben etwas ganz anderes, als nur „besser sehen" zu können. Dafür gibt es Sehhilfen bei renommierten Anbietern, bei F. und A. und anderswo. Ich kaufe mir trotzdem keine neue Brille, und wegen des Beitrags von Katja Kipping schon gar nicht.

Heinz Freiberg

Dresden, den 12. April 2017, mittags gelesen, abends per E-Mail darauf geantwortet.

Dieser Leserbrief wurde nicht veröffentlich. Die „Sächsische Zeitung" hatte einfach keinen Platz dafür, ließ mich aber wissen, dass kontroverse Texte zur Diskussion anregen sollen und nicht die Meinung der Redaktion widerspiegeln.

Der Klassiker unter den Karl Marx Karikaturen ist Kult. Genial gezeichnet vom Diplom-Grafiker Roland Beier aus Berlin.

… Anagramme

Man bräuchte schon mehrere Tüten „Russisch Brot“ von der Firma Dr. Quendt aus Dresden, um ein ordentliches Anagramm legen zu können. Schließlich weiß man ja vorher nie, welche Buchstaben in so einer Tüte stecken. Ich höre schon den Vorwurf: Mit Essen spielt man nicht!? Mit Buchstaben und Wörtern schon.
Die hier gewählte Kapitelüberschrift trifft streng genommen auf einige der nachfolgenden Arbeiten von mir gar nicht zu. Mir hat aber das Wort mit den drei A, einem großen und zwei kleinen, sehr gut gefallen. Das klingt lautmalerisch und ist spannend obendrein.
Also habe ich alles, was ein bisschen anders als ein „normales Gedicht“ daherkommt, einfach als Anagramm „eingestuft“. Darunter finden sich Akrosticha, Figurensatz, konkrete und visuelle Poesie sowie ein vielgebrauchter, leicht abgegriffener Ausrufesatz, den ich in älteren, aber auch neueren Alphabeten variiert wiedergegeben habe. Sogar in *klingonisch* habe ich es versucht.

So sehen die Buchstaben der Klinzhai- oder Mandel-Schrift aus. Der Erfinder der klingonischen Sprache und ihres Figuren-Alphabets ist der amerikanische Sprachwissenschaftler Marc Okrand.

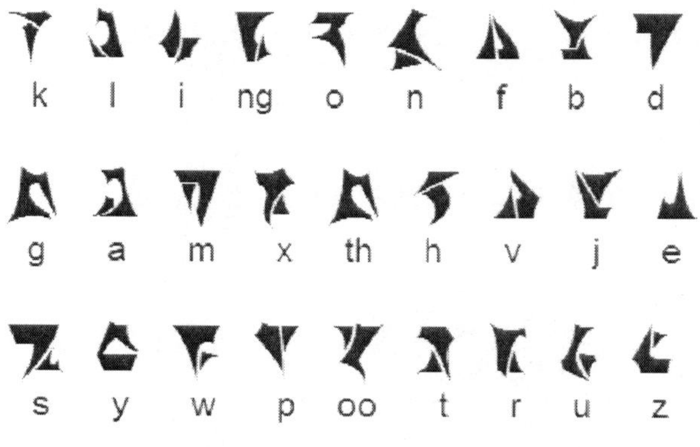

so ist er

für m. g.

geradlinig
offen
resolut
bescheiden
arbeitsam
temperamentvoll
standhaft
clever
human
ohnegleichen
wahrhaft

13. Juli 1988

Guter Rat von Thomas Müntzer

Gegeben am 13. Juli 1524 zu Allstedt

Niemen plasteuken,
lützel Gespei =
heint perestroiken,*
dein Gesatz sei!

Die Übertragung ins Hochdeutsche lautet:

Nimmer betrügen,
wenig Geschwätz –
heut' umgestalten,
sei dein Gesetz!

09. Oktober 1988

* Nur das Wort „perestroiken“ ist ein Neologismus. Die anderen Wörter stammen aus der legendären Fürstenpredigt Thomas Müntzers.

JÄTEN

ODER: Auf die fehlenden Buchstaben kann ich sehr gut verzichten

ABCDEFGHIJKLMNO   QRSTUVWXYZ

ABCD   FGHIJKLMNOPQRSTUVWXYZ

ABCDEF   HIJKLMNOPQRSTUVWXYZ

ABCDEFGH JKLMNOPQRSTUVWXYZ

ABC   EFGHIJKLMNOPQRSTUVWXYZ

  BCDEFGHIJKLMNOPQRSTUVWXYZ

17. Januar 2016

DAS BIN ICH

Atomkriegsgegner
Umweltschützer
Friedensfreund

Dienstmann
Erneuerer
Ikarus
Nachbesserer

Elefant
Libelle
Esel
Nachtigall
Dromedar

Typograph
Radiohörer
Ideensucher
Telelottospieler
Trabantfahrer

Unzufriedener
Nachdenkender
Denkender

DDR-Bürger
Umsiedler

Streithammel
Träumer
Ekelpaket
Herausforderer
Suffkopf
Theatermacher

Herausgeber
Ökonom
Herunterfallender
Erkennender
Ratloser.

Heinz Freiberg /
Friedrich Hölderlin
10. Oktober 1984

Scherenschnitt eines unbekannten Meisters, entstand um 1990 auf dem Marktplatz von Halle an der Saale.

Ein Lebenslauf

mit Abbreviaturen aus einer längst vergangenen (aber nicht vergessenen) Zeit

Bekam nie einen VVO, (Vaterländischer Verdienstorden)
war Kunde stets in der HO. (Handelsorganisation)
Ging arbeiten im VEB, (Volkseigener Betrieb)
half aus in unsrer LPG. (Landwirtschaftliche Produktionsgenossenschaft)
Studierte an der KMU, (Karl-Marx-Universität Leipzig)
fuhr mit dem Zug in die SU. (Sowjetunion)
War Mitglied in der SED, (Sozialistische Einheitspartei Deutschlands)
sehr gerne Gast beim DFD. (Demokratischer Frauenbund Deutschlands)
Ich diente in der NVA, (Nationale Volksarmee)
und musste vor die PKK. (Parteikontrollkommission)
Nie konnte ich ins NSW, (Nichtsozialistisches Wirtschaftsgebiet)
war immer eine VBE. (Vollbeschäftigten-Einheit)
Ich war aktiv im WBA, (Wohnbezirksausschuss der Nationalen Front)
versichert in der DVA. (Deutsche Versicherungsanstalt)
Vorbei ist's mit dem NAW, (Nationales Aufbauwerk)
Lebt wohl ihr Kürzel, Tschüss, ADE! (Auf Wiedersehen!)

24. Juni 2016

Mit zwei Personen (alternierend) zu lesen: 1. Der Betroffene; 2. Der Kürzelerklärer

Gedicht mit Marginalien

Ich habe nach meiner Niederlage,	
natürlich nicht alles hingeschmissen.	Sollt ihr wissen!
Bin auch nicht weggeblieben.	Ihr Lieben.
Und ich habe mich über	
Schlecht-Wetter, Ort und Zeit	
nicht lang und breit beschwert.	Das wäre verkehrt.
Stahl wird härter unter Druck –	
härter wird er, nicht zerstört!	Hört, hört!
Und der Heinrich Heine sagt:	Nichts wird vertagt!
„Es bleiben tot die Toten,	
und nur der Lebendige lebt;	
und ich bin schön und blühend,	
mein lachendes Herze bebt."	Das hebt!!!
Ich bleibe Mitglied des Vereins!	Heinz

11. November 1983

Leer

Warum ist denn bloß der Zug so leer?
Weshalb bloß ist der Zug so leer?
Wieso ist der Zug bloß leer?
Ist der Zug bloß leer?
Bloß der Zug leer?
Zug bloß leer?
Bloß leer?
Leer?
?

09. Juli 1990

Ein Abzählreim

Du
bist
auf
uns
alle
aus!
Holst uns in dein dunkles Haus!
Lass'
dir
noch
viel
Zeit
mit
mir!
Ach,
es
ist
ein
Kreuz
mit
dir!

28. Oktober 1986

*Große Buchstabier-Bitte nach einem leichtfertigen Abschied**

```
+++ Samuel - Otto - Samuel +++ Berta - Ida - Theodor -
Theodor - Emil +++ Kaufmann - Otto - Martha - Martha +++
Zacharias - Ulrich +++ Martha - Ida - Richard +++
Zacharias - Ulrich - Richard - Übermut - Cäsar - Kaufmann
+++ Ida - CHarlotte +++ Ludwig - Ida - Emil - Berta -
Emil +++ Dora - Ida - CHarlotte +++

 Heinrich - Emil - Ida -
 Nordpol - Zacharias +++ 1985
```

* Nach dem Buchstabier-Alphabet der Deutschen Post in der ehemaligen DDR.

CONTAINERZUG - 70/1945 (Gerlinde zum 70. Geburtstag)

- SEALAND- COPY- L**ICH**DI- SCHENKER- MAERSK- TRIES- OSLIEH-
LIVING- ENERCON- NORDSK- MA**E**RSK- AGROVIN- RINNEN- LOTOS
- NORDSK- **BE**TA- LIVING- CONTRANS- MO**DI**CH- SIMMER- GRAHL-
CHINA- SCHENKER- OPAL- BE**HE**LF- BLOEDORN- ALPINE- MAERSK
- RINNEN- AGROV**I**N- ENERGON- OSLIEH- FI**NZ**E- TRIES- SEALAND

DRESDEN- 04/02/2015

offenes geheimnis

eine sms
an gerlinde

3 x 4
3 x 2
2 x 4

3 x 5
3 x 4
2 x 3
2 x 2
2 x 3

1 x 3
3 x 4
3 x 2
2 x 4

dein heinz

08. März 2010

Ich liebe dich

·· −·−· ····

·−·· ·· · −··· ·

−·· ·· −·−· ····

···· · ·· −· −−··

28. April 2015

Punkt-Strich-Codierung nach dem Alphabet
von Samuel F. B. Morse (1791 – 1872).

Dasselbe, nur anders (1)

Insel Coca Hausbesitzer
Limonade Insel Eis Bohnensuppe Eis
Drogerie Insel Coca Hausbesitzer

Hausbesitzer Eis Insel Nora Zollvorsteher

28. April 2015

Gesprochen nach den deutschen Merkwörtern
für das internationale Morse-Alphabet.

Dasselbe, nur anders (2)

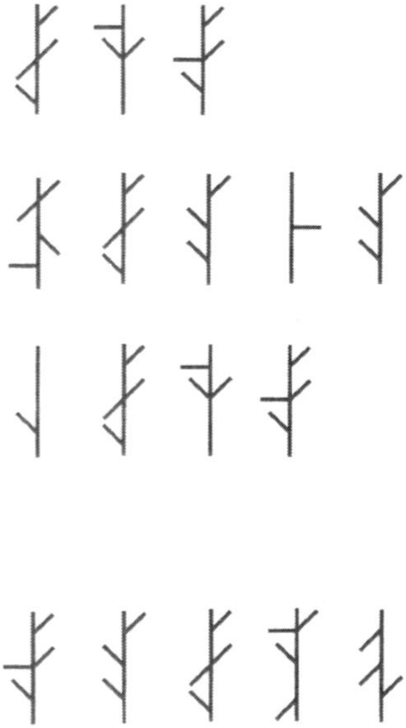

29. April 2015

So hätten „die berühmten drei Worte“ und meine Unterschrift zwischen 1832 und 1845 ausgesehen, wenn sie mit dem „Preußischen optischen Telegraphen“ über Land gesendet worden wären.

Dasselbe, nur anders (3)

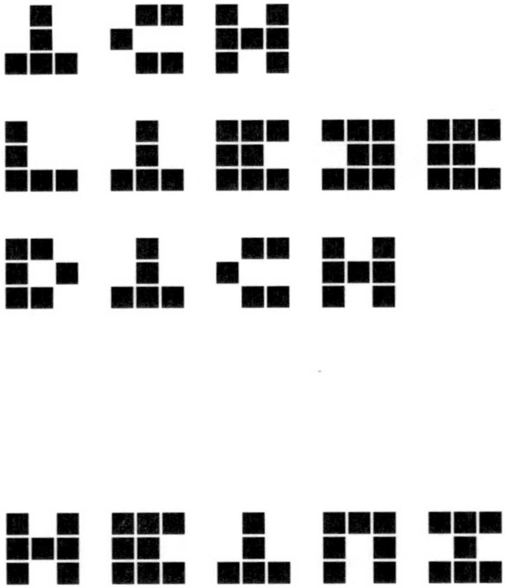

29. April 2015

Glyphen aus der „Fakoo-ASCII-Tabelle“.

Dasselbe, nur anders (4)

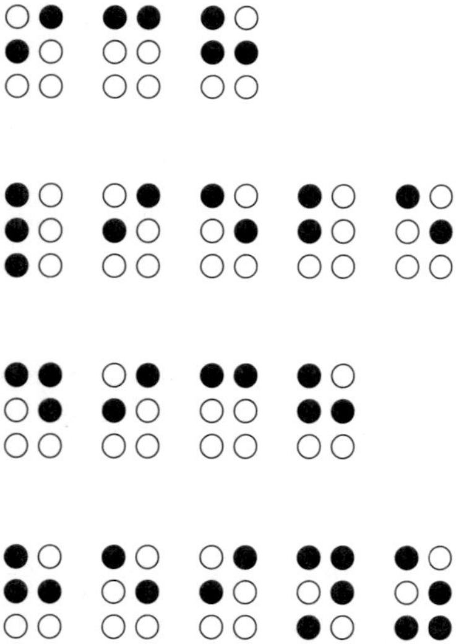

30. April 2015

Der Franzose Louis Braille (1809 – 1852) ist der Erfinder der Blindenschrift, die sich sowohl national als auch international durchgesetzt hat.

Dasselbe, nur anders (5)

01. Mai 2015

Das zweihändige Symbol steht für Liebe:

Die Buchstaben des zweihändigen Fingeralphabets wurden der Publikation „Lily Lux Notizbuch“ entnommen.

Dasselbe, nur anders (6)

03. Januar 2018

Perfekt digitalisierte Glyphen der „Utopia“, die im Jahr 1516 erstmals im gleichnamigen Buch von Thomas Morus zu finden sind.

Dasselbe, nur anders (7)

und wie zu Beginn des Kapitels versprochen, nun auch noch in Klingonisch.

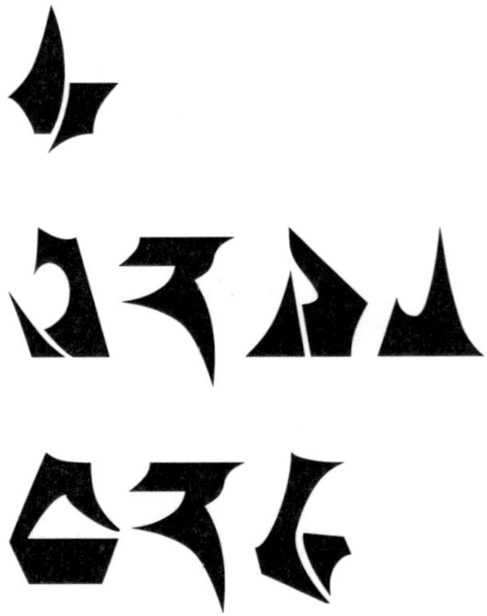

27. Juli 2015

... Beiträge

Seit 2005 gehören wir – meine Frau Gerlinde und ich – dem Internationen Arbeitskreis BILD DRUCK PAPIER an. Dort sind wir richtig, da gehören wir hin. Frau Renate Gollmitz aus Berlin vermittelte uns den Kontakt zum Arbeitskreis. Dafür sind wir ihr für alle Zeit dankbar.

In der Titelei der bisher erschienenen Tagungsbände ist stets auf der Seite 2 seit vielen Jahren der nachfolgende Eintrag zu finden:

„Der Arbeitskreis Bild Druck Papier wurde 1981 als Basis für die projektierte Ausstellung *Das ABC des Luxuspapiers* in Berlin gegründet. Der kleine Kreis der Forscher und Sammler erweiterte sich rasch um Fachleute von Universitäten und Museen, die hier ihre gemeinsamen kulturgeschichtlichen Interessen vertreten fanden. Die Treffen bilden seither mit jährlichen Tagungen an wechselnden Orten ein Forum für den Austausch von Forschungsergebnissen, Arbeitsprojekten und Informationen zu den Fachgebieten. Die Ergebnisse sowie weitere Informationen werden in den Tagungsbänden durch Text und Bild festgehalten."

Man fühlt sich geradezu geadelt, wenn man bei einem Treffen vor einem hochinteressierten, internationalen und äußerst kritischen Auditorium referieren darf und ein Jahr später seinen Beitrag im Tagungsband abgedruckt vorfindet.

Drei meiner Beiträge, die mündlich als Power-Point-Präsentation vorgetragen und später verschriftlicht in den Tagungsbänden *Hagenow 2008*, *Basel 2013* und *Breslau 2016* wiedergegeben wurden, sind hier in leicht verkleinerter Größe als Reprints wiedergegeben.

Heinz Freiberg

Die Welt ist voller Zeichen

Publikzeichen auf dem Weg zur globalen Lingua franca der Bilder

Bild 1. Umschlagseite der Schriftenreihe *Signa – Beiträge zur Signographie* (2003) 5. Unter Verwendung des Untertitels *Publikzeichen im realen und medialen öffentlichen Raum* wurde die vorliegende Arbeit in Hagenow als PowerPoint-Präsentation vorgestellt.

Parkhaus

Die sogenannten Publikzeichen begegnen uns heutzutage auf Schritt und Tritt. Zuhauf sind sie auf Bahnhöfen und Flughäfen, im Straßenverkehr, in Einkaufspassagen und Einrichtungen anzutreffen. Die Vielzahl vorwiegend piktographischer Orientierungszeichen im öffentlichen Raum wächst stetig und weltweit. Fast von allein hat sich in den vergangenen Jahren für die am häufigsten vorkommenden Zeichen international ein vergleichbarer Standard etabliert (Bild 2).

Der Signograph und Schriftgestalter Andreas Stötzner führt dazu unter anderem aus: „Mit öffentlichem Raum ist allerdings nicht nur der reale, sprich: physische Lebensraum gemeint, sondern auch der mediale Lebens-, Geschäfts- und Verkehrsraum, der uns in Gestalt von Druckerzeugnissen oder Bildschirmdarstellungen umgibt.“[1] Dabei durchdringen sich heute der physische und der mediale öffentliche Raum zunehmend kommunikativ.

1. STÖTZNER, Andreas: Wo ist was? In: *Signa* (2003) 5, S. 9

Café

Bild 2. Genormte Piktogramme für den Flugverkehr in den USA. Aus: FRUTIGER, Adrian: *Der Mensch und seine Zeichen*, S. 350

Als Teil der Alltagskultur verdienen die Piktogramme unsere volle Aufmerksamkeit. Es sind Zeichen, die uns eine schnelle Orientierung im öffentlichen Raum ermöglichen. Sie transportieren wichtige Informationen ohne den Umweg über die geschriebene Sprache und sind längst Teil einer globalen übersprachlichen Kommunikation. Sie vermitteln ihre Aussagen vielfach über Bildmotive, weshalb sie im Allgemeinen auch als Piktogramme bezeichnet werden. In der freien Internet-Enzyklopädie Wikipedia lesen wir im unter dem Schlagwort „Piktogramm" folgende Definition: „Ein Piktogramm (von lat.: *pictum,* gemalt, Bild; griech.: *gráphein* = schreiben) ist ein einzelnes Symbol bzw. Ikon, das eine Information durch vereinfachte grafische Darstellung vermittelt."

Gemeinhin sind Piktogramme Vorläufer verschiedener Schriften weltweit, so beispielsweise auch der hieroglyphischen Schrift, die als Bilderzeichenschrift die älteste geschriebene Form von ägyptischer Sprache repräsentiert. Und wie in allen Dingen des Universums scheint auch den Bildzeichen das ewige „Stirb und

Bild 3. Links: Zeichen für „Mann" in Altägypten, um 2700 v. Chr. Mitte: „Flüchtender Mann", Deutschland, um 1968–1972. Rechts: „Laufender Mann", USA, 2006

Werde" innezuwohnen. Drei Piktogramme aus verschiedenen Zeitepochen sollen hiervon Zeugnis ablegen (Bild 3).

Die modernen Publikzeichen – Andreas Stötzner nennt sie gelegentlich auch Publikogramme – empfinden wir als typische Produkte des 20. Jahrhunderts,

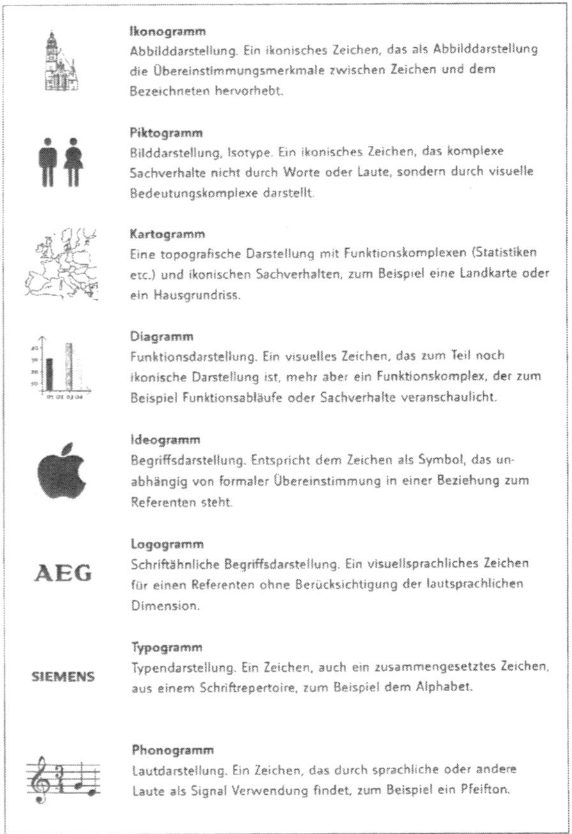

Ikonogramm
Abbilddarstellung. Ein ikonisches Zeichen, das als Abbilddarstellung die Übereinstimmungsmerkmale zwischen Zeichen und dem Bezeichneten hervorhebt.

Piktogramm
Bilddarstellung, Isotype. Ein ikonisches Zeichen, das komplexe Sachverhalte nicht durch Worte oder Laute, sondern durch visuelle Bedeutungskomplexe darstellt.

Kartogramm
Eine topografische Darstellung mit Funktionskomplexen (Statistiken etc.) und ikonischen Sachverhalten, zum Beispiel eine Landkarte oder ein Hausgrundriss.

Diagramm
Funktionsdarstellung. Ein visuelles Zeichen, das zum Teil noch ikonische Darstellung ist, mehr aber ein Funktionskomplex, der zum Beispiel Funktionsabläufe oder Sachverhalte veranschaulicht.

Ideogramm
Begriffsdarstellung. Entspricht dem Zeichen als Symbol, das unabhängig von formaler Übereinstimmung in einer Beziehung zum Referenten steht.

AEG

Logogramm
Schriftähnliche Begriffsdarstellung. Ein visuellsprachliches Zeichen für einen Referenten ohne Berücksichtigung der lautsprachlichen Dimension.

SIEMENS

Typogramm
Typendarstellung. Ein Zeichen, auch ein zusammengesetztes Zeichen, aus einem Schriftrepertoire, zum Beispiel dem Alphabet.

Phonogramm
Lautdarstellung. Ein Zeichen, das durch sprachliche oder andere Laute als Signal Verwendung findet, zum Beispiel ein Pfeifton.

Bild 4. Die Klassifizierung der Bildzeichen nach Herbert W. Kapitzki

Apple®

Handwerk

aber Orientierungszeichen gibt es schon viel länger. Als Ahnen heutiger Publikzeichen können durchaus die vorindustriellen emblematischen Zeichen für Handel und Gewerbe, karthographische Zeichen, typographische Sonderzeichen, Gaunerzinken, heraldische Darstellungen und viele andere angesehen werden.

Die weithin bekannten und sehr beliebten Zeichen der Handwerker entstammen einer mehrhundertjährigen Tradition. Wir erfreuen uns noch heute in mancher Kleinstadt an kunstvoll geschmiedeten Auslegern, an denen zeichenhaft anmutende Gegenstände wie Brezel, Amboss, Brille, Schere oder Anker hängen. Ein gut gestaltetes Zeichen muss deutlich und verständlich zu uns sprechen. Der optischen Prägnanz gebührt gegenüber der Abbildungstreue der Vorrang. „Wir müssen ja nicht eine Lokomotive erkennen, sondern das Zeichen für Eisenbahn.“[2]

Es hat nicht wenige Versuche gegeben, Ordnung in die Welt der Zeichen zu bringen. Allein bei den Definitionen für Piktogramm stehen sich verschiedene inhaltliche Aussagen gegenüber. Im Einzelnen soll hier aber nicht näher darauf eingegangen werden. Herbert W. Kapitzki, Professor für visuelle Kommunikation an der Universität der Künste Berlin, meint: „Ein Piktogramm ist ein ikonisches Zeichen, das die Eigenschaft der darstellenden Figuration abbildet und durch Abstrahieren Zeichenqualität erhält.“[3]

Neben den Piktogrammen klassifizierte er weitere Bildzeichen und teilte sie in verschiedene Kategorien ein. Erst durch die konsequente Abgrenzung der Piktogramme gegenüber anderen Bildzeichen wird deren Position und zunehmende Bedeutung offenkundig (Bild 4).

Neben der gesprochenen und geschriebenen Sprache sind die visuellen Bildsymbole in der heutigen Zeit zu einem unentbehrlichen Verständigungsmittel weltweit geworden. Anfänglich war dies nur im ständig zunehmenden internationalen Verkehr der Fall. Inzwischen haben sich aber im Verlauf der Entwicklung von Wissenschaft und Technik viele eigenständige und spezielle Symbolsysteme entwickelt. Ungezählt sind allein die Bedienungsanweisungen bei Maschinen und Gebrauchsgütern, die fast ausschließlich durch Bildsymbole vermittelt werden. Die Zeichen und Symbole sind nunmehr endgültig zur „Weltsprache“ geworden.

Unvorstellbar scheint der Gedanke, dass Straßen, Bahnhöfe, Flughäfen, Ausstellungen, Messen und Sportstätten ohne Bildzeichensysteme auskommen könnten. Sie begegnen uns dort nicht nur permanent, sondern auch in stark zunehmender Anzahl. In Einkaufspassagen, Krankenhäusern und Hotels ist eine ähnliche Entwicklung zu beobachten. Die Bildsymbole nehmen deutlich zu. Gleichzeitig geht damit aber die Gefahr einer inflationären Überflutung einher.

---

2. STÖTZNER, op. cit., S. 36
3. ABDULLAH, Rayan; HÜBNER, Roger: *Piktogramme und Icons – Pflicht oder Kür?* Mainz: Hermann Schmidt, 2005, S. 10

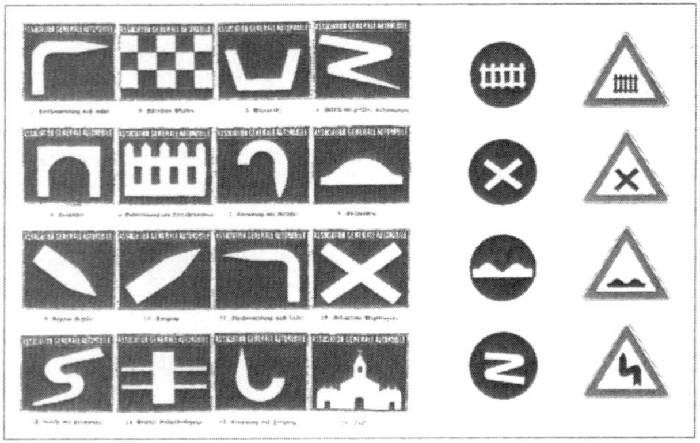

Bild 5. Links: Diese 16 Straßenschilder wurden bereits im Jahr 1902 von der Association Générale d'Automobile kreiert und bei einem Straßenrennen aufgestellt.
Mitte: Die ersten vier Verkehrszeichen zum Zeitpunkt ihrer internationalen Verabredung im Jahr 1909 in Paris und rechts wie sie heute in Deutschland aussehen: rotes, auf der Kante stehendes Dreieck mit schwarzem Piktogramm auf weißem Grund.

Von einigen Vorläufern – wie beispielsweise den Hieroglyphen der antiken Ägypter – einmal abgesehen, begann der Siegeszug der Zeichensysteme vor genau 100 Jahren. „Nach der Erfindung und Verbreitung des Automobils und dem Ausbau eines adäquaten Straßennetzes wurden die ersten Bildsymbole als Verkehrszeichen auf französische Initiative 1909 in Paris international verabredet. Belgien, Bulgarien, Deutschland, Frankreich, Großbritannien, Italien, Monaco, Österreich und Spanien einigten sich auf vier noch heute gültige Piktogramme.

1927 beriet ein Ausschuss des Völkerbundes über weitere internationale Verkehrszeichen, die in einem internationalen Verkehrsabkommen anerkannt wurden."[4]

Werner Graeff (1901–1978) begann seine künstlerische Laufbahn am Weimarer Bauhaus und befasste sich von 1923 an sehr intensiv mit seinem „Entwurf für eine internationale Verkehrszeichensprache". Sein Verdienst ist es, sowohl den drei Grundfarben (rot, blau, gelb) und weiß als auch den drei Grundformen (Kreis, Quadrat, Dreieck) eindeutige Bedeutungen und Aussagen zugewiesen zu haben. Noch 1927 klagte er in der Zeitschrift *De Stijl*: „Wir sind wieder zu Analphabeten geworden. In Holland, in Finnland, in der Tschechoslowakei, in

4. ABDULLAH, R.; HÜBNER, R., op. cit., S. 20

Querrinne

Stop-Schild

Bild 6. Entwicklung des Stoppschilds in Deutschland von 1939 bis 1971, wobei es sogar eine spezielle DDR-Variante ab 1956 gab.

Russland, Ungarn, Japan und Argentinien stehen wir hilflos wie Kinder auf den Bahnhöfen. Wir sehen eine Unzahl von wegweisenden, warnenden, erklärenden Schildern; aber lesen können wir sie nicht. Wir wollen nicht länger Analphabeten sein! Wir brauchen eine internationale Verkehrszeichensprache. Für die wichtigsten Verkehrsbedürfnisse müssen eindeutige, klare Zeichen gefunden werden, die in allen Ländern gleiche Anwendung finden."[5] Dies ist dem achteckigen Stoppschild mit rotem Grund weltweit bisher am besten gelungen.

Zu den Pionieren der „sprechenden Zeichen" gehörten zweifelsohne die Erfinder und Gestalter der „Wiener Methode" der Bildstatistik, der Philosoph, Ökonom und Sozialreformer Otto Neurath und der Graphiker Gerd Arntz. Beide hatten sich zum Ziel gesetzt, ein Visualisierungssystem zu entwickeln, dass komplexe Zusammenhänge durch einfache Piktogramme darstellen sollte (Bild 7).

Dabei ging es ihnen vor allem darum, die „Sätze der Wissenschaft in Bilder zu verwandeln"[6] und allen Schichten der Bevölkerung – auch den Arbeitern und Unterprivilegierten – allgemein und schnell verständlich zu machen. Ihre neue, klare und präzise Bildsprache setzte sich dann später unter dem klangvollen Namen Isotype (International System of Typographic Picture Education) erfolgreich und weltweit durch. Ihre Philosophie klang einfach und überzeugend: „Was man durch ein Bild zeigen kann, muss man nicht mit Worten sagen"[7]. Der Leitspruch und ein geflügeltes Wort von Otto Neurath hieß: „Vorwärts, zurück zu den Bildern!"[8] Gerd Arntz entwarf von 1928 bis 1965 ungefähr 4 000 verschiedene Piktogramme, ja, eine ganze Bilder-Enzyklopädie. Viele seiner markanten Entwürfe gehören heute zu den modernen Klassikern, die nach wie vor so selbstverständlich genutzt werden, als seien sie erst gestern in einem Design-Studio entworfen worden.

---

5. GRAEFF, Werner: Wir wollen nicht länger Analphabeten sein. In: *De Stijl* 7 (1927) 79-84
6. HARTMANN, Frank; BAUER, Erwin K: *Bildersprache. Otto Neurath, Visualisierungen* [1936]. Wien: WUV Universitätsverlag, 2002, S. 116
7. *Gerd Arntz. Kritische Grafik und Bildstatistik.* Ausstellungskatalog. Den Haag, 1976; Köln 1977, S. 48
8. ABDULLAH/HÜBNER, op. cit., S. 21

Die Welt ist voller Zeichen 155

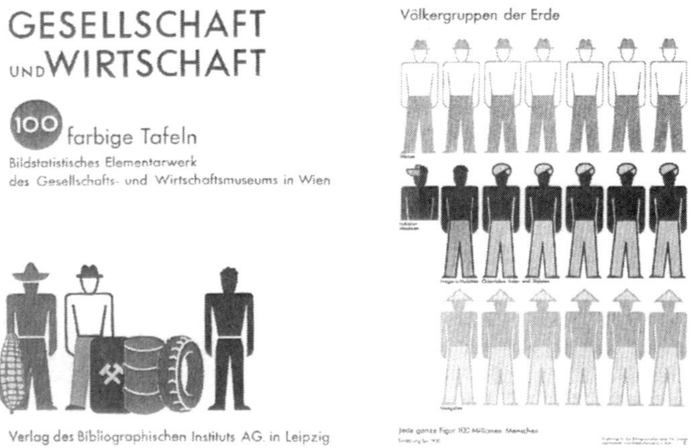

Bild 7. Das Bildstatistische Elementarwerk *Gesellschaft und Wirtschaft* von Otto Neurath und Gerd Arntz, 1930 in Leipzig erschienen, wurde zum Bestseller und zur Pflichtliteratur in den Schulen.

Die Wiener Methode der Bildstatistik war zwar primär auf Informationsgraphik für den Ausstellungs- und Lehrgebrauch und weniger auf die Organisation der Abläufe im öffentlichen Raum ausgerichtet, dennoch sind die modernen piktographischen Leit- und Orientierungssysteme ohne sie nicht denkbar.

Die als Piktogrammgestalter zu den Olympischen Spielen 1964, 1968 und 1972 berühmt gewordenen Graphiker Katsumi Masaru aus Japan und Otl Aicher aus Deutschland konnten auf dem schier allumfassenden Formenschatz der Wiener Methode aufbauen und wandten die Piktogramme in Hinsicht auf den öffentlichen Raum an. Dabei brachten sie unverkennbar ihre eigene künstlerische Handschrift ein (Bild 8).

Es war nur eine Frage der Zeit, bis die Kommerzialisierung der Piktogramme ihren Anfang nahm. (Ein Ende ist übrigens nicht abzusehen!) 1968 bildete sich innerhalb der Arbeitsgemeinschaft Deutsche Verkehrsflughäfen die Projektgruppe Piktogramme in der ADV. Sie erarbeitete die ersten Info-Leit-Systeme für deutsche Flughäfen. Erst viele Jahre später folgten dann die Piktogramme für kommunale Verkehrsmittel, im öffentlichen Nah- und Fernverkehr mit Bus, Bahn und Schiff, ja sogar für den separaten Pedal-Verkehr auf Radwanderwegen.

Selbstredend

Olympiade 1972

Die Berliner Verkehrsbetriebe (BVG) sind nach London und Paris der drittgrößte öffentliche Verkehrsbetrieb in Europa. Im Auftrag der BVG entwickelte Meta Design Berlin ein Piktogrammsystem, das für Menschen von etwa 160 Nationalitäten, die in der Hauptstadt leben oder dort tätig sind, schnell und eindeutig verständlich sein sollte. Dies scheint im Wesentlichen auch gelungen zu sein. Piktogramme auf einem gelben Hintergrund dominieren dabei. Sie stehen für allgemeine Hinweise für den Fahrgast und harmonieren darüber hinaus gut mit der Hausfarbe Gelb der Berliner Verkehrsbetriebe (Bild 9).

Bild 8. Nicht Masaru und Aicher, wie vielfach angenommen wird, sind die eigentlichen Erfinder der Olympia-Piktogramme, denn Vorläufer von ihnen gab es bereits zu den Sommerspielen 1936 in Berlin (hier keine Abbildungen) und 1948 in London.
Der ikonographische, bildhafte Charakter tritt von nun an immer mehr zurück und konstruktive Bildmotive beginnen zu dominieren.

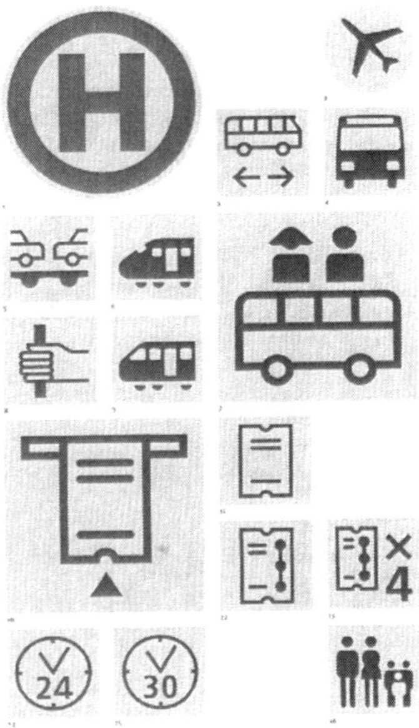

Bild 9. Eine kleine Auswahl von Piktogrammen auf gelbem Grund der Berliner Verkehrsbetriebe (BVG).

Neben der fortschreitenden Kommerzialisierung von Zeichensystemen haben Piktogramme, Symbole und Icons in neuerer Zeit auch verstärkt Eingang in künstlerische Werke gefunden – und dies unter völlig neuen technologischen Gegebenheiten und auf der Basis sich stürmisch entwickelnder digitaler Technologien.

So arbeitet beispielsweise Professor Jochen Gros (Offenbach und Frankfurt am Main) seit Jahren an einer neuen Bilderschrift, die unwillkürlich an altbekannte Vorbilder, die Hieroglyphen, erinnert. Piktogramme auf dem Bildschirm nennt man „icons" oder „emoticons", und, wenn sie animiert sind, „movicons".

Lars Arrhenius präsentiert im Katalog *piktogramme – die einsamkeit der zeichen* auf den Seiten 216–222 Teile seiner Bildergeschichte. Die verwendeten Piktographien sind dabei sowohl einer bereits existierenden globalen visuellen Sprache entnommen, als auch durch eigene Neuschöpfungen bereichert worden. Erzählt wird eine achtminütige animierte Lebensgeschichte eines gewöhnlichen Mannes von der Geburt bis zum letzten Atemzug, jedoch ohne ein einziges geschriebenes oder gesprochenes Wort.

Dass es – freilich in begrenztem Umfang – möglich ist, Sprache in „lesbare" Bildzeichen umzusetzen, bewies auch die deutsche Graphikerin Juli Gudehus 1993 in ihrer umfänglichen Arbeit, dem Projekt *Genesis*.[9] Sie stellte die Schöpfungsgeschichte mit Hilfe von Piktogrammen dar. Vers für Vers setzte sie den Text des Alten Testaments in eine moderne Bildsprache um und benutzte dabei vertraute und bekannte Piktogramme oder Markenzeichen (Bild 10).

9. GUDEHUS, Juli: *Genesis*. Baden: Lars Müller, 1997. Neuauflage Hamburg: Carlsen, 2009

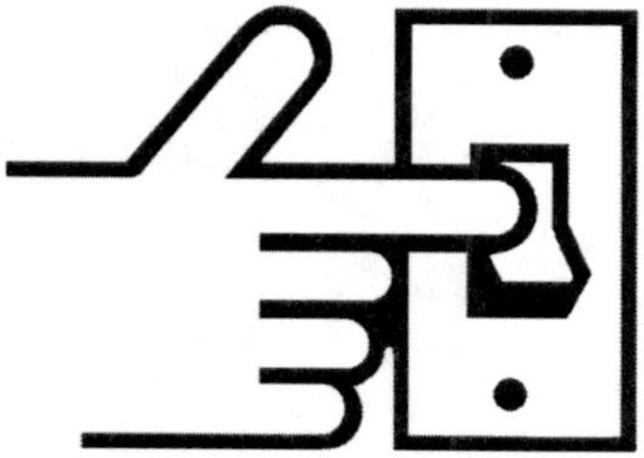

Genesis

158 Heinz Freiberg

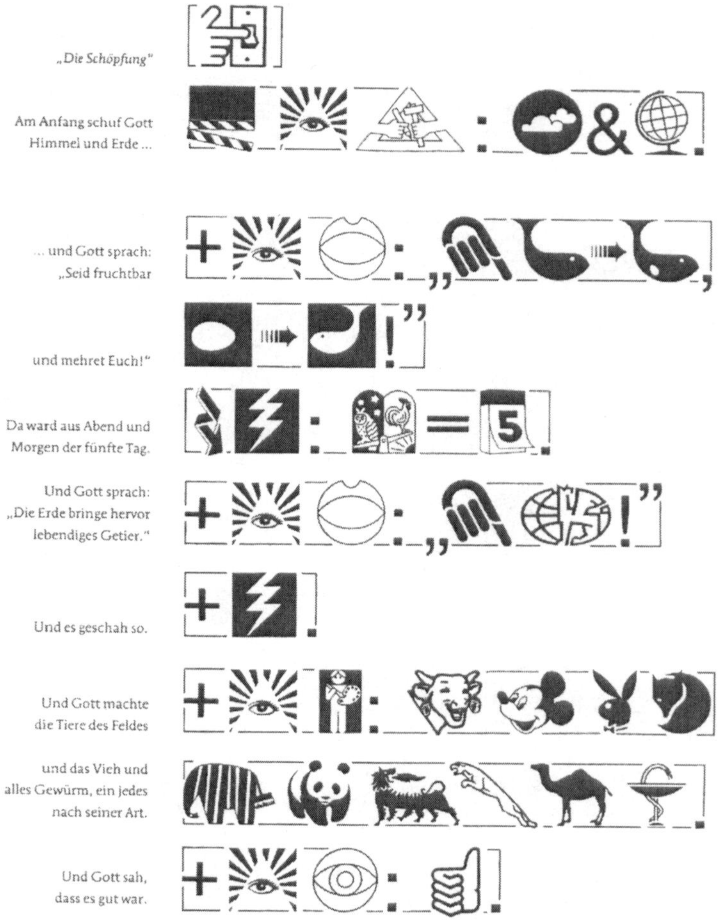

Bild 10. Eine Seite aus dem Mappenwerk *Genesis* von Juli Gudehus. Der Text erschien als Vorabdruck 1993 in *Die Zeit*.

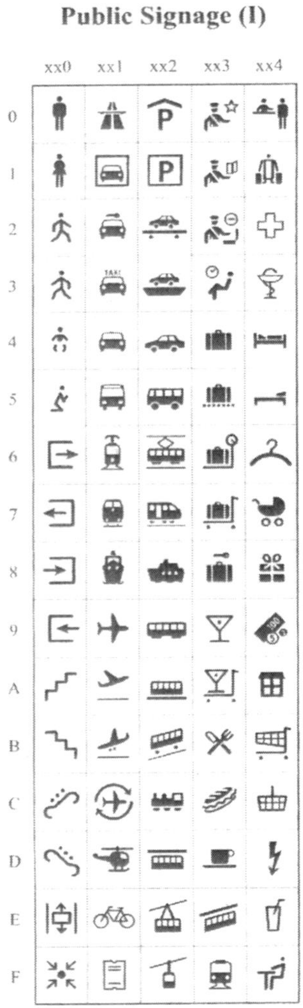

Bild 11. Die ersten 80 Publikzeichen, die Andreas Stötzner gemeinsam mit Dr. Deborah Anderson und Prof. Johannes Bergerhausen vom Internationalen Arbeitskreis für Signographie dem Unicode Consortium zur weltweiten Vereinheitlichung und Standardisierung am 30. Juli 2006 als Vorschlag vorgelegt haben.

Die Welt der Zeichen war, ist und bleibt also in Bewegung. Andreas Stötzner aus Pegau bei Leipzig ist ein Graphiker, der energisch darum bemüht ist, dass sich die Signographie als eigenständiges Studienfach (neben anderen Fächern wie beispielsweise der Typographie) etabliert. Signographie, so die kurze Definition, ist die Lehre der graphischen Zeichen. Ihr Gegenstand sind graphische Zeichen jeglicher Art, jedweden Anwendungsgebietes. Der Signograph und Schriftgestalter Stötzner ist unermüdlich tätig, als einer der führenden Köpfe des Internationalen Arbeitskreises Signographie, als Autor und Mitherausgeber der Zeitschrift *Signa*, als Referent, Dienstleister und bald auch als Chef seiner eigenen privaten signographischen Forschungs- und Ausbildungsstätte *Sias*.

Die Zeichen im öffentlichen Raum werden auch künftig unsere täglichen Begleiter sein. So haben die Staaten des Euro-Raums aus Anlass des Jubiläums „10 Jahre Wirtschafts- und Währungsunion" am 1. Januar 2009 90 Millionen Stück einer Zwei-Euro-Gedenkmünze mit einem gemeinsamen Motiv auf der Bildseite ausgegeben. Der preisgekrönte Entwurf dafür

Treffpunkt

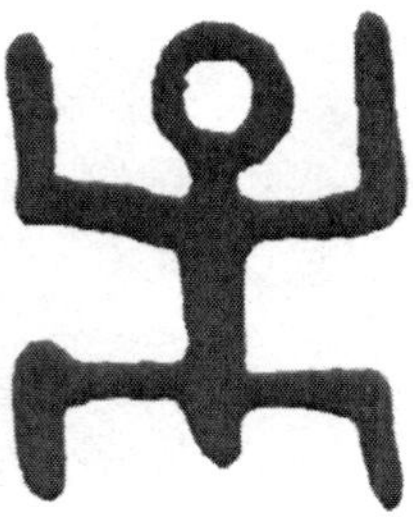

Petroglyphe

Bild 12. Entwurf zur neuen 2-Euro-Gedenkmünze, die 2009 in den Staaten des Euro-Raums ausgegeben wird.

stammt vom griechischen Münzdesigner George Stamatopoulos (Bild 12). Er erinnert stark an steinzeitliche Bildzeichen und zeigt den Euro als geschichtsträchtiges Symbol. Die Handelsbeziehungen in Europa, so die Intention des Künstlers, haben sich vom prähistorischen Tauschhandel bis hin zur Wirtschafts- und Währungsunion entwickelt. Diese lange Entwicklungsgeschichte wolle er mit der „Höhlenmalerei“ auf seinem Münzentwurf deutlich machen.

Das Schlusswort sei dem großen Graphikdesigner und Schriftgestalter Adrian Frutiger aus der Schweiz überlassen: „Zeichen, Symbole, Signete und Signale sind in ihrer Vielfalt der alles durchdringende und prägende Ausdruck unserer Zeit; indem sie Vergangenes enthalten und bewahren, sind sie auch Hinweis auf alles Zukünftige.“[10]

Literatur / Quellen

Abdullah, Rayan; Hübner, Roger: *Piktogramme und Icons – Pflicht oder Kür?* Mainz: Hermann Schmidt, 2005

Aicher, Otl; Krampen, Martin: *Zeichensysteme der visuellen Kommunikation, Handbuch für Designer, Architekten, Planer, Organisatoren.* Stuttgart: Koch, 1977

Frutiger, Adrian: *Der Mensch und seine Zeichen.* Wiesbaden: Fourier, ^{8}2001

Frutiger, Adrian: *Lebenszyklus – Cycle de la vie – Life Cycle* (Alb, Erich (Hrsg.)). Cham: Syndor Press, 1999

Frotscher, Sven: *5000 Zeichen und Symbole der Welt.* Bern: Haupt, 2006

piktogramme – die einsamkeit der zeichen. Ausstellungskatalog (deutsch, englisch) Kunstmuseum Stuttgart. München, Berlin: Deutscher Kunstverlag, 2006

Radtke, Susanne P.; Pisani, Patricia; Wolters, Walburga: *Handbuch Visuelle Mediengestaltung.* Berlin: Cornelsen, ^{2}2001

Stötzner, Andreas: Wo ist was? In: *Signa. Beiträge zur Signographie* 5. Grimma: Waechterpappel, 2003

www.biza-project.de/otl
www.bvg.de
www.grafiker.de
www.icon-language.de
www.kapitzki.de
www.metadesign.de
www.neurath.at
www.piktogramme-und-icons.de
www.rayan.de
www.signographie.de
www.webjuice.de

10. Frutiger, Adrian: *Der Mensch und seine Zeichen.* Wiesbaden: Fourier, ^{8}2001. Epilog, S. 359

Heinz Freiberg

Das Kleingedruckte.
Die Druckgenehmigungsverfahren in der DDR

Im hier vorausgehenden Artikel nimmt Heidrun Wozel aus Dresden einen Dachbodenfund von Weihnachtsgeschenkanhängern aus DDR-Zeiten näher „unter die Lupe“. À propos Lupe: Eine solche kann sehr hilfreich sein, um die kleingedruckten, zuweilen „kryptisch“ anmutenden Buchstaben und Ziffern auf den Drucksachen aus jener Zeit in Augenschein zu nehmen. In der Regel sind diese Vermerke in einer Schriftgröße von 6 Punkt (Nonpareille) bis 8 Punkt (Petit) gesetzt. Bei Heidrun Wozel ist dazu zu lesen:

> „Noch ein hervorstechendes Merkmal weisen die Anhänger aus der DDR auf: die auf den Rückseiten aufgedruckten Druckgenehmigungsnummern. Obwohl offiziell in der Gesellschaft nicht von einer Zensur gesprochen wurde, wurde diese sogar bei Geschenkanhängern praktiziert.“[1]

Das war eben so, möchte man heute kopfschüttelnd und Achsel zuckend hinzufügen. Dass Zensur ausgeübt wurde, wurde nie bestritten, denn im *Kulturpolitischen Wörterbuch* der DDR aus dem Jahr 1978 wird klipp und klar dargelegt, was unter einer Druckgenehmigung zu verstehen ist: „Druckgenehmigung: staatliche Erlaubnis, Vervielfältigungserzeugnisse, gleich welcher Art, herzustellen.“ Und weiter unten: „Druck- und Vervielfältigungserzeugnisse sind mit einem Impressum zu versehen, das die vollständige Druckgenehmigungsnummer sowie die Registriernummer des Herstellerbetriebes enthalten muß.“[2]

Ohne Druckgenehmigung (von einigen kuriosen Ausnahmen einmal abgesehen) ging also nichts. Alle Mühe, alle Sorgfalt und List wurde darauf verwandt, eine vorgesehene Publikation genehmigt zu bekommen, sei es ein neues Buch, eine Broschüre, ein Plakat oder nur eine kleine Familiendrucksache, wie beispielsweise eine Einladungskarte zur Hochzeit. Hatte man erst einmal einen Druckgenehmigungsstempel auf der ersten oder letzten Seite seines Manuskriptes im wahrsten Sinn des Wortes erkämpft, war es zweitrangig, wo und in welchem Betrieb innerhalb der DDR man dann drucken ließ (Bilder 1 und 2).

Der abgebildete Druckgenehmigungsstempel ist übrigens der einzige im Original erhaltene Stempelabschlag, den ich noch besitze. Es dürfte einige Mühe kosten, weitere Originalstempel aufzustöbern, weil diese mitsamt der in den Druckereien üblichen Auftragstaschen, in denen sich die gesamten Unterlagen für einen Druckauftrag befanden, zum großen Teil vernichtet worden sind.

---

1. Wozel, Heidrun: Genehmigt. Weihnachtsgeschenkanhänger aus der DDR. In: Vanja, Konrad; et al. (Hrsg): *Tagungsband Basel 2013*. Münster: Waxmann, 2014 (Arbeitskreis Bild Druck Papier 18), S. 128–141.
2. Berger, Manfred (Hrsg.): *Kulturpolitisches Wörterbuch*. Berlin: Dietz, ^{2}1978, S. 149–150; erweitertes Zitat in Wozel, op. cit., S. 131

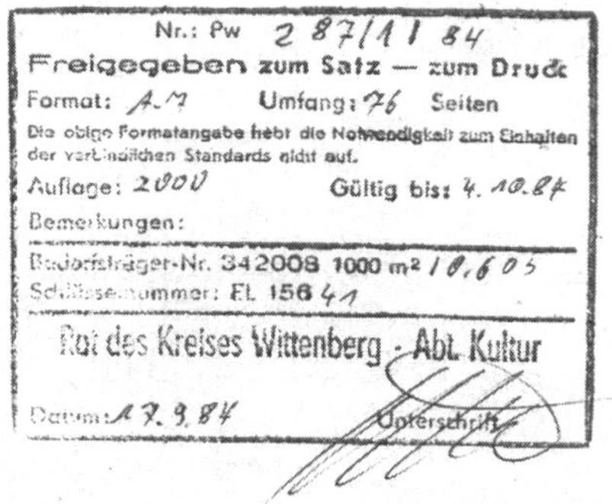

Bild 1. Stempelabdruck mit der eingetragenen Druckgenehmigung Nr.: Pw 287/1/84. Die Drucksache wurde zum Satz und zum Druck freigegeben. Genehmigt wurden das Format DIN A7, der Umfang von 76 Seiten und eine Auflagenhöhe von 2000 Exemplaren. Hinter der Bedarfsträger-Nummer 342008 verbirgt sich das genehmigte Papierkontingent 1000 m^2 /0,605. Die vom Rat des Kreises Wittenberg, Abteilung Kultur, am 17.9.84 ausgestellte und mit Unterschrift versehene Druckgenehmigung war nur bis zum 4.10.84 gültig. Danach verfiel sie.

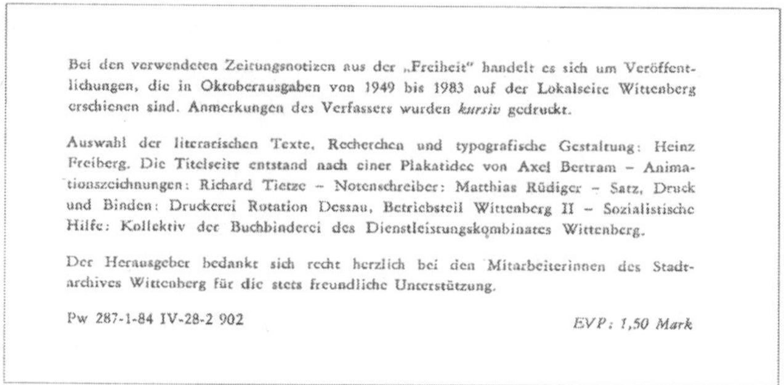

Bei den verwendeten Zeitungsnotizen aus der „Freiheit" handelt es sich um Veröffentlichungen, die in Oktoberausgaben von 1949 bis 1983 auf der Lokalseite Wittenberg erschienen sind. Anmerkungen des Verfassers wurden *kursiv* gedruckt.

Auswahl der literarischen Texte, Recherchen und typografische Gestaltung: Heinz Freiberg. Die Titelseite entstand nach einer Plakatidee von Axel Bertram – Animationszeichnungen: Richard Tietze – Notenschreiber: Matthias Rüdiger – Satz, Druck und Binden: Druckerei Rotation Dessau, Betriebsteil Wittenberg II – Sozialistische Hilfe: Kollektiv der Buchbinderei des Dienstleistungskombinates Wittenberg.

Der Herausgeber bedankt sich recht herzlich bei den Mitarbeiterinnen des Stadtarchives Wittenberg für die stets freundliche Unterstützung.

Pw 287-1-84 IV-28-2 902 *EVP: 1,50 Mark*

Bild 2. Der Genehmigungsvermerk aus dem Stempel in Bild 1 findet sich als letzte Zeile im Impressum des Daumenkinos *Das ist unser Tag* wieder. Die Druckgenehmigungsnummer wird ergänzt durch die Ziffern IV-28-2, die offizielle Registrier- und Betriebsnummer der Druckerei Rotation Dessau, Betriebsteil Wittenberg II. Alleinstehend gedruckt galt die Ziffernfolge IV-28-2 auch als sogenannte „Generelle Druckgenehmigung" für nicht lizensierte Publikationen.

Bild 3. Der zweisprachige Umschlag (russisch und deutsch) des Befehls Nr. 90. Herausgegeben vom Verlag „Tägliche Rundschau", Berlin, 1947.

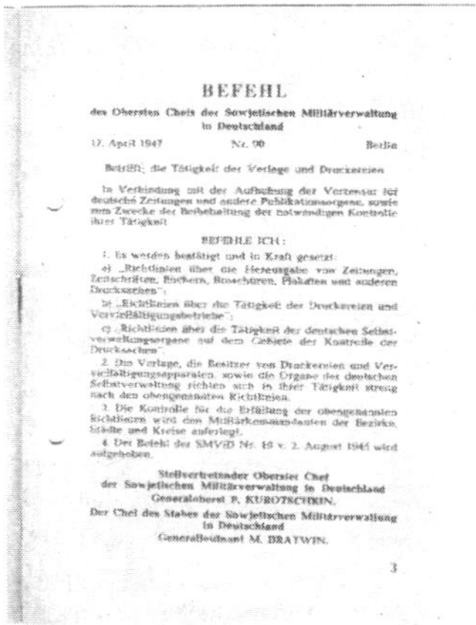

BEFEHL

des Obersten Chefs der Sowjetischen Militärverwaltung in Deutschland

17. April 1947 Nr. 90 Berlin

Betrifft: die Tätigkeit der Verlage und Druckereien

In Verbindung mit der Aufhebung der Vorzensur für deutsche Zeitungen und andere Publikationsorgane, sowie zum Zwecke der Beibehaltung der notwendigen Kontrolle ihrer Tätigkeit

BEFEHLE ICH:

1. Es werden bestätigt und in Kraft gesetzt:

a) „Richtlinien über die Herausgabe von Zeitungen, Zeitschriften, Büchern, Broschüren, Plakaten und anderen Drucksachen";

b) „Richtlinien über die Tätigkeit der Druckereien und Vervielfältigungsbetriebe";

c) „Richtlinien über die Tätigkeit der deutschen Selbstverwaltungsorgane auf dem Gebiete der Kontrolle der Drucksachen".

2. Die Verlage, die Besitzer von Druckereien und Vervielfältigungsapparaten, sowie die Organe der deutschen Selbstverwaltung richten sich in ihrer Tätigkeit streng nach den obengenannten Richtlinien.

3. Die Kontrolle für die Erfüllung der obengenannten Richtlinien wird den Militärkommandanten der Bezirke, Städte und Kreise auferlegt.

4. Der Befehl der SMVD Nr. 19 v. 2. August 1945 wird aufgehoben.

Stellvertretender Oberster Chef
der Sowjetischen Militärverwaltung in Deutschland
Generaloberst P. KUROTSCHKIN.

Der Chef des Stabes der Sowjetischen Militärverwaltung in Deutschland
Generalleutnant M. DRATWIN.

3

Bild 4. Der deutschsprachige Text des Befehls Nr. 90 der SMAD, Berlin, vom 17. April 1947, Seite 3. Im Punkt 4 wird der Befehl Nr. 19 aufgehoben.

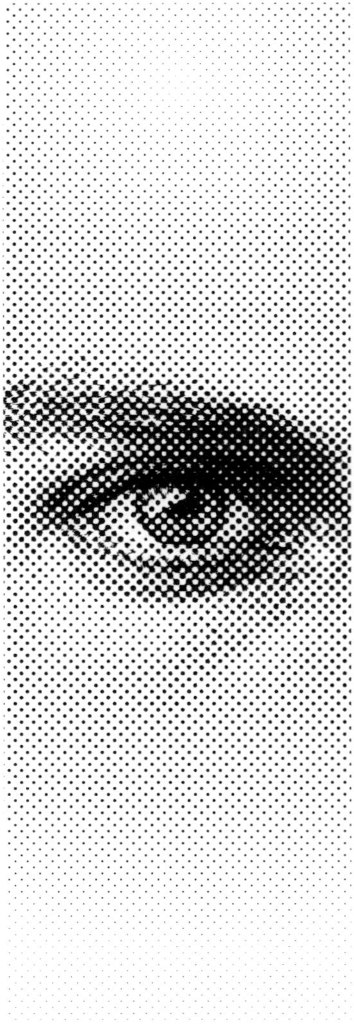

Unter dem in der DDR gebräuchlich gewordenen Ersatzbegriff der Druckgenehmigung sind Elemente der Kontrolle und Regelungen zu verstehen, die bekannten früheren Zensurverfahren sehr ähnlich sind. Die Zensur wurde in der DDR nicht erfunden, aber unter den neuen historischen Bedingungen perfektioniert.

Unmittelbar nach Ende des Zweiten Weltkrieges wurde auf dem Territorium der Sowjetischen Besatzungszone (SBZ) von der Sowjetischen Militäradministration (SMAD) eine Zensur nach sowjetischem Vorbild eingeführt.

Zunächst gab es keine organisatorischen Regelungen und inhaltlichen Richtlinien. Erst mit dem SMAD-Befehl Nr. 19 vom 2. August 1945 „Zur Verbesserung der Arbeit der Verlage und Druckereien und der Regelung der Kontrolle ihrer Tätigkeit" wurden die ersten einheitlichen Vorschriften erlassen, die die Herausgabe von Publikationen nur solchen Verlagen und Druckereien gestatteten, denen zuvor eine spezielle Genehmigung durch die SMAD erteilt worden war.

Eine formale Aufhebung der bis dahin bestehenden Vorzensur durch die SMAD und die Übertragung der Kontrolltätigkeiten auf deutsche Institutionen folgte dann mit dem Befehl Nr. 90 vom 17. April 1947. Diesem Befehl –

„Betrifft: die Tätigkeit der Verlage und Druckereien" – waren zahlreiche detaillierte Richtlinien in russischer und deutscher Sprache beigefügt (Bilder 3 und 4).

Einem Originaldokument aus der Druckerei Satke in Halle (Saale) ist zu entnehmen, dass bis dahin „Vorläufige Vorschriften", unterzeichnet vom Chef der Zensur der SMAD, Fillipow, verbindlich gegolten haben. Das Blatt ist undatiert, könnte aber im Frühsommer des Jahres 1945 gedruckt und an alle Druckereien ausgegeben worden sein (Bild 5).

Der Obermeister für Buchdruck im Bezirk Halle, Gerhard Satke, so ist anzunehmen, hat später mit Kopierstift auf dem vorliegenden Handzettel vermerkt: „Aufgehoben durch Befehl Nr. 90 (Versammlung am 5.6.47)."

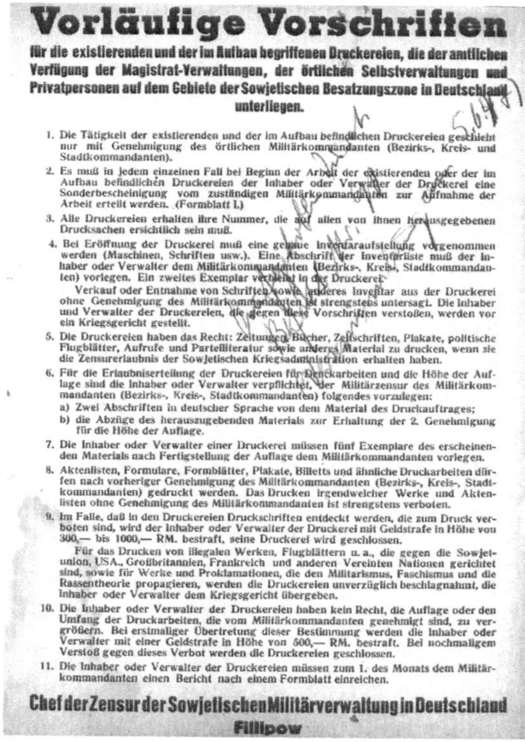

Vorläufige Vorschriften

für die existierenden und der im Aufbau begriffenen Druckereien, die der amtlichen Verfügung der Magistrat-Verwaltungen, der örtlichen Selbstverwaltungen und Privatpersonen auf dem Gebiete der Sowjetischen Besatzungszone in Deutschland unterliegen.

1. Die Tätigkeit der existierenden und der im Aufbau befindlichen Druckereien geschieht nur mit Genehmigung des örtlichen Militärkommandanten (Bezirks-, Kreis- und Stadtkommandanten).
2. Es muß in jedem einzelnen Fall bei Beginn der Arbeit der existierenden oder der im Aufbau befindlichen Druckereien der Inhaber oder Verwalter der Druckerei eine Sonderbescheinigung vom zuständigen Militärkommandanten zur Aufnahme der Arbeit erteilt werden. (Formblatt I.)
3. Alle Druckereien erhalten ihre Nummer, die auf allen von ihnen herausgegebenen Drucksachen ersichtlich sein muß.
4. Bei Eröffnung der Druckerei muß eine genaue Inventaraufstellung vorgenommen werden (Maschinen, Schriften usw.). Eine Abschrift der Inventarliste muß der Inhaber oder Verwalter dem Militärkommandanten (Bezirks-, Kreis-, Stadtkommandanten) vorlegen. Ein zweites Exemplar verbleibt in der Druckerei.
   Verkauf oder Entnahme von Schriften sowie anderes Inventar aus der Druckerei ohne Genehmigung des Militärkommandanten ist strengstens untersagt. Die Inhaber und Verwalter der Druckereien, die gegen diese Vorschriften verstoßen, werden vor ein Kriegsgericht gestellt.
5. Die Druckereien haben das Recht: Zeitungen, Bücher, Zeitschriften, Plakate, politische Flugblätter, Aufrufe und Parteiliteratur sowie anderes Material zu drucken, wenn sie die Zensurerlaubnis der Sowjetischen Kriegsadministration erhalten haben.
6. Für die Erlaubniserteilung der Druckereien für Druckarbeiten und die Höhe der Auflage sind die Inhaber oder Verwalter verpflichtet, der Militärzensur des Militärkommandanten (Bezirks-, Kreis-, Stadtkommandanten) folgendes vorzulegen:
   a) Zwei Abschriften in deutscher Sprache von dem Material des Druckauftrages;
   b) die Abzüge des herauszugebenden Materials zur Erhaltung der 2. Genehmigung für die Höhe der Auflage.
7. Die Inhaber oder Verwalter einer Druckerei müssen fünf Exemplare des erscheinenden Materials nach Fertigstellung der Auflage dem Militärkommandanten vorlegen.
8. Aktenlisten, Formulare, Formblätter, Plakate, Billetts und ähnliche Druckarbeiten dürfen nach vorheriger Genehmigung des Militärkommandanten (Bezirks-, Kreis-, Stadtkommandanten) gedruckt werden. Das Drucken irgendwelcher Werke und Aktenlisten ohne Genehmigung des Militärkommandanten ist strengstens verboten.
9. Im Falle, daß in den Druckereien Druckschriften entdeckt werden, die zum Druck verboten sind, wird der Inhaber oder Verwalter der Druckerei mit Geldstrafe in Höhe von 300,— bis 1000,— RM. bestraft, seine Druckerei wird geschlossen.
   Für das Drucken von illegalen Werken, Flugblättern u. a., die gegen die Sowjetunion, USA., Großbritannien, Frankreich und anderen Vereinten Nationen gerichtet sind, sowie für Werke und Proklamationen, die den Militarismus, Faschismus und die Rassentheorie propagieren, werden die Druckereien unverzüglich beschlagnahmt, die Inhaber oder Verwalter dem Kriegsgericht übergeben.
10. Die Inhaber oder Verwalter der Druckereien haben kein Recht, die Auflage oder den Umfang der Druckarbeiten, die vom Militärkommandanten genehmigt sind, zu vergrößern. Bei erstmaliger Übertretung dieser Bestimmung werden die Inhaber oder Verwalter mit einer Geldstrafe in Höhe von 500,— RM. bestraft. Bei nochmaligem Verstoß gegen dieses Verbot werden die Druckereien geschlossen.
11. Die Inhaber oder Verwalter der Druckereien müssen zum 1. des Monats dem Militärkommandanten einen Bericht nach einem Formblatt einreichen.

Chef der Zensur der Sowjetischen Militärverwaltung in Deutschland

Fillipow

Bild 5. *Vorläufige Vorschriften*, vom Chef der Sowjetischen Militärverwaltung in Deutschland, Fillipow, unterzeichnet. Format DIN A 4, undatiert, wahrscheinlich aus dem Jahr 1945.

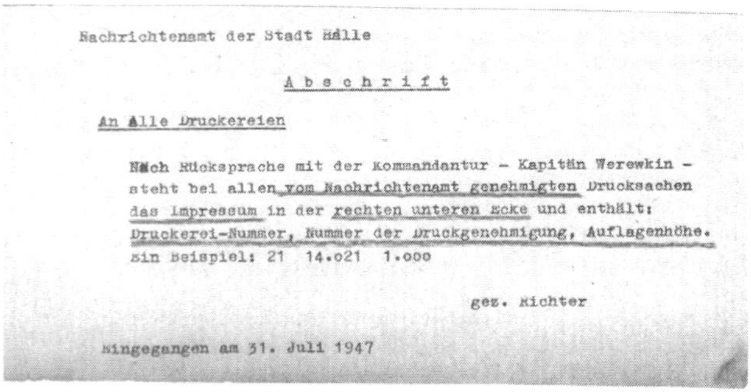

Nachrichtenamt der Stadt Halle

Abschrift

An Alle Druckereien

Nach Rücksprache mit der Kommandantur – Kapitän Werewkin – steht bei allen vom Nachrichtenamt genehmigten Drucksachen das Impressum in der rechten unteren Ecke und enthält: Druckerei-Nummer, Nummer der Druckgenehmigung, Auflagenhöhe. Ein Beispiel: 21 14.021 1.000

gez. Richter

Eingegangen am 31. Juli 1947

Bild 6. Das Schreiben des Nachrichtenamtes der Stadt Halle vom 31. Juli 1947 ist ein Beweis dafür, dass der Befehl Nr. 90 der SMAD nunmehr von deutschen Behörden und Institutionen „befehlsmäßig" in die Praxis überführt und durchgesetzt wurde.

In einer Aktennotiz des Amtes für Information der Stadt Halle an der Saale vom 8.11.50 – ebenfalls unter den sorgsam aufbewahrten Dokumenten der ehemaligen Druckerei Satke zu finden – ist zu lesen:

> „Zum Zwecke einer einheitlichen ideologischen Inhaltsgestaltung der Druckerzeugnisse übernimmt das Amt f. I. die soziale, politische und kirchliche Zensur. […] Privatdrucksachen sollen in Zukunft mit einer Kennziffer gedruckt werden (ohne Einzelgenehmigung)."

Dieser „Wunsch" des Amtes für Information – auf alle Privatdrucksachen, zwecks staatlicher Kontrolle, eine Kennziffer zu drucken – blieb allerdings für immer unerfüllt. Längst schon existierte ein „ungeschriebenes Gesetz", nach dem es statthaft und nicht strafbar war, in jeder privaten Druckerei innerhalb eines Jahres zehn Drucksachen für den Eigenbedarf herzustellen (Bilder 7 und 8). Wo aber anfangen mit dem Zählen, wo Aufhören? Der Begriff „schwarz gedruckt" bekam hier eine ganz neue (Be)Deutung.

Knapp zehn Jahre nach Gründung der DDR erhielten die bis dahin bestehenden, zeitweilig zum Teil gelockerten, dann wieder verschärften Regelungen zu den Druckgenehmigungsverfahren für nicht lizenzpflichtige Druck-Erzeugnisse mit der „Anordnung über das Genehmigungsverfahren für die Herstellung von Druck- und Vervielfältigungserzeugnissen" eine eigene gesetzliche Grundlage. Unter anderem wurde darin Folgendes bis in das kleinste Detail geregelt:

- „Zur Herstellung von Druck- und Vervielfältigungserzeugnissen ist eine staatliche Genehmigung (Druckgenehmigung) erforderlich.

- Es können sowohl zunächst Satz- bzw. Reproduktionsgenehmigungen als auch „generelle Druckgenehmigungen“ erteilt werden.
- Die Zuständigkeit für die Erteilung der Druckgenehmigung liegt auf zentraler Ebene beim Ministerium für Kultur, darunter bei den Räten der Bezirke bzw. der Kreise.
- Die Druckgenehmigung ist schriftlich zu beantragen unter Beifügung des vollständigen Manuskriptes (Text- und Bildmaterial) in zweifacher Ausfertigung.
- Die Druckgenehmigung wird nur dem Bedarfsträger oder Herausgeber erteilt. Dem Herstellerbetrieb kann die Druckgenehmigung erteilt werden für Industrie-, Geschäfts- und Familiendrucksachen sowie für Verpackungsmaterial.
- Voraussetzung für die Erteilung der Druckgenehmigung sind inhaltliche Übereinstimmung mit den „gesetzlichen Bestimmungen, den Grundsätzen des sozialistischen Aufbaues sowie den kulturpolitischen Erfordernissen“ und das Vorhandensein entsprechender Materialkontingente.
- Die Druckgenehmigung kann eingeschränkt, mit Auflagen verbunden oder widerrufen werden.
- Das Druckgut ist mit einem Impressum (vollständige Druckgenehmigungsnummer sowie Registriernummer des Herstellerbetriebes) zu versehen.
- Die Aufbewahrungsfrist der mit Genehmigungsstempeln versehenen Manuskripte oder Unterlagen beim Herstellerbetrieb bzw. beim Antragsteller beträgt mindestens zwei Jahre.
- Beschwerden gegen Versagung, Einschränkung oder Widerruf sind möglich. Gegen die endgültige Entscheidung des Ministeriums für Kultur ist eine Beschwerde nicht vorgesehen.“[3]

Diese Anordnung vom 20. Juli 1959 setzte den Befehl Nr. 90 der SMAD aus dem Jahr 1947 faktisch außer Kraft. Sie galt aber weiterhin und uneingeschränkt mehr als 30 Jahre lang bis zu ihrer endgültigen Aufhebung im März 1990.

In der DDR grenzte es an ein Wunder, eine Druckerei neu zu gründen oder zu übernehmen. Andere Gewerke und Dienstleister, wie Bäcker, Fleischer, Dachdecker, Kfz-Handwerker, Gastronomen, Friseure usw. waren in dieser Hinsicht bedeutend besser gestellt.

Meine Frau und ich hatten Glück. Wir nahmen allen Mut und alles Geld zusammen und konnten dem Obermeister des Buchdruckerhandwerks im Bezirk Halle, Gerhard Satke, im Sommer 1988 seine wohlbekannte und renommierte Offizin in der Großen Steinstraße Nr. 27 abkaufen.

Von Beginn an gehörte das Landestheater Halle zum treuen Kundenstamm der Buchdruckerei Gerlinde Freiberg. Bild 9 zeigt die Umschlagseiten 1 und 4

3. Bundesarchiv Berlin, Abteilung DDR, zu finden als PDF im Internet unter „Einleitung, korrigiert, 26.06.12-1“, S. 19.

ES GIBT KEIN VERGANGENES,
DAS MAN ZURÜCKSEHNEN DÜRFTE,
ES GIBT NUR
EIN EWIG NEUES
GOETHE

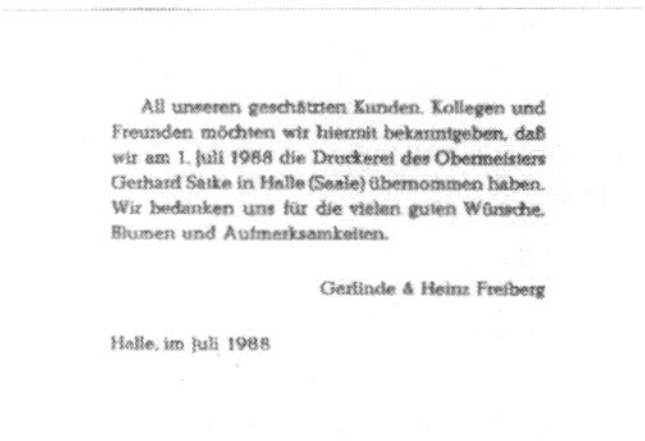

All unseren geschätzten Kunden, Kollegen und Freunden möchten wir hiermit bekanntgeben, daß wir am 1. Juli 1988 die Druckerei des Obermeisters Gerhard Satke in Halle (Saale) übernommen haben. Wir bedanken uns für die vielen guten Wünsche, Blumen und Aufmerksamkeiten.

Gerlinde & Heinz Freiberg

Halle, im Juli 1988

Bild 7. Die erste Geschäftsdrucksache der Buchdruckerei Gerlinde Freiberg nach der Übernahme des Betriebes von Gerhard Satke, Klappkarte DIN A 6, Seite 2.

Bild 8. Die Seite 3 der sogenannten Privatpost war Bekanntgabe und Danksagung in Einem. Steht als Beispiel für eine Karte ohne Druckgenehmigung.

des Programmheftes *Trilogie des Absurden*. Der Titel des Theaterstückes auf Seite 1 wurde bewusst in Spiegelschrift gesetzt. Dem Programmheft lag eine Spiegelfolie zum Lesen bei – ein wunderbarer Einfall des damaligen Chefdramaturgen am Landestheater Halle und Künstlers Guillermo Deisler (1940–1995).

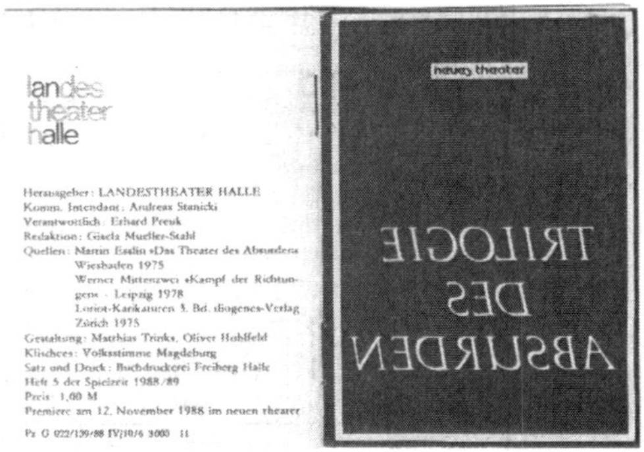

Bild 9. Umschlag Programmheft Landestheater Halle.
Wie bei fast allen Drucksachen aus der DDR findet sich am unteren Rand der letzten Seite die erteilte Druckgenehmigung: Pz G 022/139/88 = Druckgenehmigungsnummer, vergeben von der Abteilung Kultur beim Rat des Bezirks Halle aus dem Jahr 1988. IV/10/6 = Betriebs- und „Generelle Druckgenehmigungsnummer" der Buchdruckerei Gerlinde Freiberg. 3000 = Höhe der Erstauflage. Für Nachauflagen mussten gesonderte, also neue Druckgenehmigungen eingeholt werden. 11 = Monat, gedruckt und ausgeliefert im November 1988.

Bild 10. Seite 1 einer Klappkarte ohne offizielle Druckgenehmigung und weitere eindeutige Erkennungsmerkmale. Gedruckt im Herbst 1989.

Den mutigen Greizern,
den vielen anderen in diesem Land

Es sprach sich herum: Heut Abend, du kommst doch… Die Worte liefen vonMundzuMund, ein Lauffeuer, still. Mit brennenden Kerzen die Menschen, sie drängten zur Dämmerstunde von überall her ins verwinkelte Städtchen und besetzten den Platz zwischen Kirche und Rathaus. Sie standen, sie lehnten sich aneinander, immer dichter die Masse Volk, nach vorn blickend, das Forum, bis Einer erhob sich, ein Andrer, ein Weitrer, der Nächste… Zuletzt sprachen alle, was alle betraf. Betroffen das Volk, der Einzelne wieder, das NEUE FORUM brach auf – bei Einbruch der Dunkelheit friedvoll flackernde Lichter.

Frieder Baumann

Bild 11. Der Lyriker Frieder Baumann aus Greiz hatte den Text auf Seite 3 der Karte aus Bild 10 verfasst. Es war die Zeit der Montagsdemonstrationen in der DDR.

Es war nicht ungefährlich, in der DDR Drucksachen ohne Druckgenehmigung herzustellen. Zuwiderhandlungen gegen bestehende Gesetze oder gar die Herstellung und Verbreitung von „konterrevolutionärem Schriftgut“ hätte einer Druckerei die Existenz kosten können. Verstöße gegen die Anordnung über das Druckgenehmigungsverfahren wurden mit Ordnungsstrafen bis zu 1000 Mark der DDR, im Wiederholungsfall sogar mit der Beschlagnahme aller Druck- und Vervielfältigungsgeräte geahndet.

Der Drang nach Veränderung, nach Gedankenfreiheit, führte in der Wendezeit 1989/1990 zu zum Teil chaotischen Zuständen, die auch das System der Zensur in der DDR aushöhlten und letztlich zum Zusammenbruch brachten. Nicht nur die systemkonformen Kunden wollten ihre Gedanken weiterhin gedruckt sehen und massenhaft unters Volk bringen, sondern auch all jene, denen die freie Meinungsäußerung bis dahin versagt geblieben war.

Der andauernde politische Druck hatte Gegendruck erzeugt, die Restriktionen beförderten Kreativität:

> „Im Gegensatz zum gedruckten Wort war laut Honorarordnung für bildende Künstler der DDR von 1971 das Drucken von Grafiken erst ab einer Auflage von 100 Stück genehmigungspflichtig. In der Komplizenschaft von Bild und Text gab es also eine legale Möglichkeit, die Texte in Form grafischer Blätter bis zur Nummer 99 zu drucken, was sich vor allem künstlerische Selbstverlage zunutze machten.“[4]

4. WANEK, Jeannine: Wir haben nie etwas heimlich gemacht. Wir haben es einfach gemacht. In: LOKATIS, Siegfried; SONNTAG, Ingrid (Hrsg.): *Heimliche Leser in der DDR – Kontrolle und Verbreitung unerlaubter Literatur.* Berlin: Christoph Links, 2008, S. 67.

Diesen Akt von künstlerischer Selbstbehauptung, des Samisdat[5] als Gegenöffentlichkeit und nonkonforme Äußerung oppositioneller Gruppen, brachte Wladimir K. Bukowski (geb. 1942) in seinem Gedicht *Samisdat* auf den Punkt:

Man schreibt selbst,
man redigiert selbst,
man zensiert selbst,
man verlegt selbst,
man verteilt selbst und
sitzt auch selbst die Strafe dafür ab.

Die Kampagne des Dresdner Theologen Harald Bretschneider „Schwerter zu Pflugscharen“ brachte in den 1980er-Jahren die DDR-Behörden in arge Nöte. Für die massenhafte Herstellung von Aufnähern und Lesezeichen griff Bretschneider tief in die „Trickkiste“ der Zensurumgehung: Er ließ sie auf Flies drucken. Weil es sich dabei nicht um kontingentierte Materialien wie Papier und Karton handelte, war das möglich.

Bild 12. Dieser Stoffaufnäher mit dem Symbol der DDR-Friedensbewegung in der wurde 1985/1986 in Berlin auf Flies gedruckt. Der „Friedens-Schmied“ begleitete die DDR-Friedensgruppen bis zum Ende des DDR-Regimes im Jahr 1989.

Auf den ersten Blick scheinen heute Bevormundung, Restriktion und Zensur überwunden zu sein. Im Artikel 5 des Grundgesetzes der Bundesrepublik Deutschland ist klar formuliert: „Zensur findet nicht statt.“ Bei näherem Hinsehen jedoch ist festzustellen, dass es auch heute noch zahlreiche Gesetzesverletzungen gibt und die schöne neue Welt des Internets den „Meinungskillern“ aller Länder nunmehr die Möglichkeit einräumt, den elektronischen Zensorenstift weltweit anzusetzen.

5. Samisdat, der (russisch) = Selbstverlag.

Αἴσωπος

Äsop

Heinz Freiberg

Betrachtungen und Fragen zu einem oft verwendeten Holzschnittrahmen aus der Cranach-Werkstatt

Versetzen wir uns in die Zeit der Renaissance: Allenthalben hatte man die antiken Philosophen und Dichter wiederentdeckt, natürlich auch die Fabeldichter, allen voran die Tierfabeln des legendären Aesop. Wie die Bibel wurden sie früh ins Deutsche übersetzt und gelangten zu großer Bekanntheit.[1] Sie wurden weitererzählt und waren als Bilder auch in ihrer Mehrdeutigkeit einfach verständlich – selbst für Analphabeten. Ja, sie waren so populär, dass sie selbstverständlich auch Martin Luther[2] interessiert haben, nicht zuletzt wegen ihrer volkstümlichen Sprache und ihrer moralischen, didaktischen und pädagogischen Wirkmächtigkeit. Luther machte sich 1530 während seines Aufenthalts auf der Veste Coburg an die weit verbreitete Übertragung des *Esopus*[3] des Humanisten Heinrich Steinhöwel[4] und übersetzte selbst einen Teil der aesopischen Fabeln.

So erscheint es als nicht ungewöhnlich, dass der Holzschnittrahmen, von dem hier die Rede sein wird, mit seinen meist den Fabeln entnommenen Darstellungen für elf verschiedene Bücher als Titelseite verwendet worden sein soll, die allesamt am Druckort Wittenberg in den Jahren 1520 bis 1522 erschienen sind. Ich konnte bei meinen Recherchen und Nachforschungen immerhin neun dieser „Titeleien“ finden, die meisten davon für Luther-Texte und in den Portalen der „Deutschen digitalen Bibliothek“ (Bilder 2 bis 10).[5] Auch die Mehrfachverwendung von Druckstöcken war nichts Außergewöhnliches:

> „Buchdruck im 16. Jahrhundert bedeutete grundsätzlich, mit limitierten Ressourcen zu arbeiten. Für das als Holzschnitt hergestellte Druckmaterial ist der Verweis auf die Begrenztheit der Ressourcen nur trivial. Die häufig belegten

---

1. Siehe auch Lemma „Fabel“ in: GURST, Günter; et al. (Hrsg.): *Lexikon der Renaissance*. Leipzig: VEB Bibliographisches Institut, 1989, S. 242; sowie die Artikel von DITHMAR, Reinhard: Fabel und Fabelbücher. In: *Enzyklopädie des Märchens. Handwörterbuch zur historischen und vergleichenden Erzählforschung*, Band 4, Berlin, New York: de Gruyter, 1984, Sp. 727–745 und 745–764.
2. Siehe zuletzt: *Martin Luther, Vom Hahn und der Perle: Die Fabeln Luthers deutsch – englisch*. Illustrationen von Otmar ALT. Mit einer Einführung von FISCHER, Ulrich. Bielefeld: Luther-Verlag, 2013.
3. Erstmals gedruckt zwischen 1476 und 1480 in Ulm, viele Auflagen über zwei Jahrhunderte; siehe VOGT, Friedrich; KOCH, Max: *Geschichte der Deutschen Literatur*, Band 1. Leipzig, Wien: Verlag des Bibliographischen Instituts, ^{3}1910.
4. Heinrich Steinhöwel (1412–1478), Humanist und Arzt, tätig in Ulm.
5. Die Digitalisate, die im Internet zur Einsicht zur Verfügung gestellt werden, sind eine wahre Fundgrube, zu deren Nutzung ich nur raten kann.

Bild 1. Der Holzschnittrahmen aus der Cranach-Werkstatt. Um 1520.

Fälle der Mehrfachverwendung von Holzschnitten zeigen, dass sie zu kostbar waren, um sie nur ein einziges Mal einzusetzen."[6]

Die Herstellung von Holzschnitten war ein arbeitsteiliger, und in den meisten Fällen auch vertraglich geregelter Vorgang. Alle Arbeiten in der sogenannten Druckvorstufe waren klar umrissen und zeitlich aufeinander abgestimmt. Dazu Christoph Reske:

---

6. DUNTZE, Oliver: *Ein Verleger sucht sein Publikum – Die Straßburger Offizin des Matthias Hupfuff (1497/98–1520).* München: Saur, 2007, S. 20. – Erinnert sei an dieser Stelle an die Erläuterungen während unserer Tagung in Modena von Maria Goldoni in der Galleria Estense. Siehe auch STOPFEL, Wolfgang: Bilder, Bauten und Boliden. In: BRÜCKNER, Wolfgang; et al. (Hrsg).: *Tagungsband Modena 2010.* Münster: Waxmann, 2011 (Arbeitskreis Bild Druck Papier 15), S. 159–173, hier S. 167.

Markenzeichen der Cranach-Werkstatt von 1510 – 1537

Der Formschneider

> „Demnach erstellte ein Maler einen Entwurf (Entwerfer), dieser oder ein anderer Maler übertrug den Entwurf auf das Holz (Reißer) und ein Formschneider fertigte hieraus den druckfähigen Holzstock (Formschneider). Diese Arbeitsteilung ist aus mehreren Quellen bekannt.“[7]

Das Ständebuch mit Holzschnitten von Jost Amman und mit Reimen von Hans Sachs gibt über die genannten mittelalterlichen Handwerksberufe in Bild und Text auf jeweils einer Druckseite vortreffliche Auskünfte.[8] Unser Holzschnittrahmen stammt aus der Wittenberger Bildermanufaktur Cranach. Er wird im Katalog *Cranach im Detail – Buchschmuck Lucas Cranachs des Älteren und seiner Werkstatt* der Lutherhalle Wittenberg von 1994, Seite 38, als Titelrahmung „Druckerpresse, Monogramm Grunenbergs und Tierkämpfe“ bezeichnet und ist nur *ein* Beleg von vielen herausragenden Arbeiten dieser Offizin und Künstlerwerkstatt.

> „Von keiner anderen Persönlichkeit des 16. Jahrhunderts ist so viel Sichtbares übriggeblieben wie von Cranach: 1000 Bildwerke sind erfasst (zum Vergleich: von Albrecht Dürer etwa 100, von Matthias Grünewald 21). Man kann ihn unbestritten den produktivsten und vermutlich wirtschaftlich erfolgreichsten Maler der deutschen Kunstgeschichte nennen.“[9]

So Norbert Schnabel, Lektor im Brockhaus Verlag.

Die Cranachsche Titeleinfassung mit der Druckerpresse, dem Grunenberg-Monogramm und dem meist streitsüchtigen Figurenensemble spiegelt den Geist der Zeit wider. Jedes Detail des Holzschnitts hat etwas zu sagen und erzählt allegorische Geschichten. Die Emblematik feiert sich selbst. Und so nimmt es nicht wunder, dass in unzähligen Beschreibungen, Deutungsversuchen und Interpretationen von Autoren fast ausschließlich nur lobende Worte zu diesem Meisterwerk der Holzschnittkunst zu finden sind.

Es mangelt nicht an Attributen. Der Titelholzschnitt sei, so heißt es, zunächst erst einmal „singulär“, also „einmalig“; aber auch „meisterlich“, „originell“, „wunderbar“, „schön“, „symbolhaltig“, „emblematisch“, „allegorisch“, „lehrreich“, „evangelisch“, „bedeutend“, „brillant“, „eigenwillig“, „rätselhaft“, „mystisch“ und „geistvoll“ Die hier genannten, meist lobenden Adjektive stammen alle von verschiedenen Autoren, die ich bei meinen Recherchen zu diesem Beitrag in vielen Werken um Leben und Werk der Künstlerfamilie Cranach fand.

---

7. RESKE, Christoph: Der Holzschnitt bzw. Holzstock am Ende des 15. Jahrhunderts. In: *Gutenberg-Jahrbuch* 84. Wiesbaden: Harrassowitz, 2009, S. 71.
8. AMMAN, Jost; SACHS, Hans: *Das Ständebuch*. Leipzig: Insel, 1934 (Insel-Bücherei 133), S. 16/17 und 22.
9. SCHNABEL, Norbert: Lucas Cranach d. Ä. (1472–1553) – ein Freund Luthers. In: *Monatszeitschrift Generation 55 plus*. Offenburg: Baumeister, 01/2003, S. 35.

Bild 2. Biblia nowa Alueldesis ..., 1520.

Bild 3. Von vormugen des ..., 1520.

Bild 4. Auff des bocks ..., 1521.

Bild 5. Copia einer Missive ..., 1521.

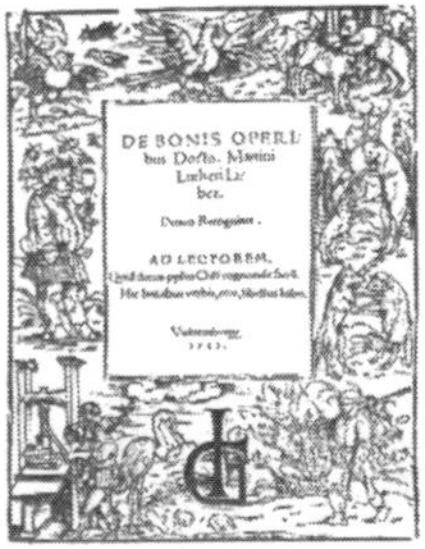

Bild 6. DE BONIS OPERIBUS ..., 1521.

Bild 7. Eynn Trostlichs Buchleyn ..., 1522.

Bild 8. Eyn Missive allen ..., 1522.

Bild 9. Eyn Sermon von ..., 1522.

Bild 10. Von menschen lere ..., 1522.

Die Druckerpresse (Ausschnitt)

Heraklit von Ephesos

Es ist und bleibt ein gewisser Zauber um den Holzschnittrahmen mit der Aussparung, der bereit war, Buchtiteln sehr verschiedenen Inhalts als Zier und Blickfang zu dienen. Die hier wiedergegebenen neun Beispiele belegen dies exemplarisch (Bilder 2 bis 10).

Ein Deutungsversuch: Heraklit von Ephesos stellte die kontradiktorische Behauptung auf: „Der Krieg ist der Vater aller Dinge." Stimmt es in der Folgerung also wirklich, was im Buch des Francesco Petrarca *Von der Arznei beider Glück, des guten und des widerwärtigen* ... in der Augsburger Ausgabe aus dem Jahr 1532 zu lesen ist: „Was Gott geschöpft, übt sich im Zank. Jedes ist geneigt zu anderm Zwang."[10]? Sechzig Jahre später erschien vom selben Autor der *Trostspiegel in Glück und Unglück* in Frankfurt am Main.[11] Sich auf das geflügelte Wort von Heraklit berufend, heißt es dort:

> „Alles was auf Erden schwebt und lebt,
> je eins dem andern widerstrebt.
> Mensch, Vögel, Tier und Fisch im Meer,
> sich zanken, neiden, feinden sehr."

Und wenn das so ist, ist dann die gesamte Menschheit dem von Gott gegebenen „Naturgesetz" ein für alle Mal und ohne jede Hoffnung ausgeliefert? Natürlich nicht, denn der Spruch des Heraklit ist wieder und wieder (ja, seit Jahrhunderten) gründlich missverstanden worden. Der altgriechische Philosoph, der etwa von 520 bis 460 v. Chr. lebte, führte alles Werden und Vergehen in der Welt auf den immerwährenden Kampf entgegengesetzter Kräfte zurück, auf den ewigen Wechsel und die stete Bewegung der Dinge. So gelangt er logischerweise auch zu der Erkenntnis schlechthin: „Panta rhei!", Alles fließt!

Die Lehren und Kernsprüche der antiken Philosophen fielen bei den weltlichen und kirchlichen Herrschern, Gelehrten, Künstlern, Handwerkern und dem sich rasch entwickelnden Bürgertum des Mittelalters auf einen äußerst fruchtbaren Boden. Der Kampf der Bilder kam in vollen Gang. Die selbstredenden Bilder wurden zur scharfen Waffe, zu visuell schnell erfassbaren Aussagen und zu schonungslosen „Propagandisten" für oder gegen eine bestimmte Sache. Auch der nun im Detail zu betrachtende Holzschnittrahmen liefert einen anschaulichen Beweis dafür.

Zunächst: Hervorstechend ist das in der Mitte befindliche kräftige Monogramm des Druckers Johannes Rhau-Grunenberg am unteren Rand des Titelrahmens. Der Mainzer war erst kurz zuvor nach Wittenberg gekommen. Wollte er – unübersehbar für alle – sagen: Seht her, das ist meine Druckermarke? Das bin ich! Ich bin nicht mehr in Grünberg oder Erfurt, sondern jetzt hier, in Luthers Stadt, ganz in der Nähe „seiner" Universität. Ich drucke für ihn!

---

10. PETRARCA, Francesco: *Von der Arznei beider Glück, des guten und des widerwärtigen* ... Augsburg: gedruckt bei Heinrich Steiner, 1532, unpaginiert.
11. Erstmals deutsch: *Trostspiegel in Glück und Unglück Francisci Petrarcae* ... Gedruckt zu Franckfurt am Mayn bey Johan Saurn, 1604.

Beginnend bei der Druckerpresse gehe ich nun im Uhrzeigersinn, mehr oder weniger ausführlich, auf die neun anscheinend willkürlich über- und nebeneinander gesetzten Szenen ein.

Die Druckerpresse

Für die Abbildung der Druckerpresse hatte ich mir bereits in jungen Jahren meine eigene Interpretation zurechtgelegt. Ich war und bin immer noch der Meinung, dass, wie bei allen anderen Szenen, auch hier eine Auseinandersetzung stattfindet: Die Druckerpresse als Kampfmittel, als Waffe des Geistes – der symbolische Kampf gegen Unwissenheit und Aberglauben, für Bildung und Aufklärung mit Hilfe der damals modernsten Vervielfältigungstechnik, dem Buchdruck. Oder ist der sich verstärkende „Gelehrtenstreit" damit gemeint? Dr. Martin Treu, langjähriger Direktor der Lutherhalle Wittenberg und seit 2013 ehrenamtlicher Geschäftsführer der Luthergesellschaft e.V., sieht das so:

> „Die Abbildung der Druckerpresse scheint das einzige und eigentliche Instrument zu sein, mit dem sich die junge evangelische Bewegung gegen ihre Feinde wirksam zur Wehr setzen kann."[12]

Der Trinker und die Bienen

Der von Bienen umschwärmte Trinker ist auf mehreren Arbeiten aus der Cranach-Werkstatt zu finden. Er symbolisiert nicht – wie man auf den ersten Blick meinen könnte – den lockeren Lebensstil eines Menschen, sondern steht für die Haltung eines Individuums in den Kämpfen seiner Zeit. Der Trinker kann oder will sich nicht festlegen, und weiß nicht so recht, welchen Weg er beschreiten soll und zu welcher Partei er gehört: zu den Papisten oder zu den Lutheranern? – Das ist für ihn die Frage, denn es gibt keinen Mittelweg. Luther selbst bezeichnete seine ärgsten Gegner in seinen Predigten und Schriften mehrfach als Alkoholiker. Und das meinte er nicht nur wörtlich.

Das Bild geht offenbar nicht auf eine Aesop-Fabel zurück, sondern vermutlich auf eine andere damals bekannte Erzählung.[13] Auffällig ist die Größe der Figur im Vergleich zu den anderen dargestellten Menschen.

Die Eule

wird von einem Schwarm wildgewordener Vögel von allen Seiten gleichzeitig und sehr energisch angegriffen. Sie verharrt dabei in Abwehrstellung. Was weiter passieren wird, bleibt offen. Die Eule kann in der christlichen Symbolik sowohl negativ als Sinnbild für geistige Finsternis als auch positiv als ein Zeichen der Weisheit und des Lichts interpretiert werden.

---

12. Aus einem Brief von Dr. Martin Treu, Wittenberg, vom 21. Juli 2010 an den Verfasser.

13. VOGT/KOCH, op. cit., S. 251: „Die Vorliebe der Zeit für die kleine witzige Erzählung wie für das Sinnbildliche und die lehrhafte Nutzanwendung fand besonders auch in der äsopischen Fabel Befriedigung. Die verschiedenen im Mittelalter verbreiteten lateinischen Sammlungen dieses Inhalts wurden die Grundlage für deutsche Fabelbücher in Vers und Prosa, die sich daneben auch durch einzelne geeignete Stücke aus den beliebten Erzählungsrepertorien [...] bereicherten."

Der Trinker (Ausschnitt)

Der Adler (Ausschnitt)

Fabel nach Aesop: *Die Eule und die Vögel.*[14] (Die Eule gibt den anderen Vögeln gute Ratschläge. Diese sind undankbar und attackieren sie.)[15]

Der Adler
mit den gespreizten Flügeln scheint all seine Souveränität verloren zu haben. Er ist erregt und erbost darüber, wie sich ihm die Welt im Streit aller Geschöpfe darbietet. In der hier dargestellten unbeherrscht-wütenden Gestalt steht er wohl kaum für die Allmacht Gottes, für Königswürde oder für die Stärke des Glaubens. Ade, du schöner Archetypus Adler!

Um die Tierfabel nach Aesop, die sich allein auf den Adler bezieht, geht es anscheinend nicht. Hier ist der wehrhafte Adler vielleicht metaphorisch als Besieger seiner vielen Feinde dargestellt; er steht am Kopf des Blattes mittig über allem. Könnte es sein, dass Karl V. gemeint ist, der erst 1530 nach der Kaiserkrönung durch den Papst den *doppel*köpfigen Adler im Wappen tragen durfte?

Bär, Kuh, Hirsch, Wolf, Schafe
Bei der weiteren Betrachtung des Holzschnittrahmens fällt auf, dass die Darstellungen auf der rechten Seite eher irreale Konflikte zeigen. Martin Treu dazu:

> „Normalerweise sind die Raubtiere Wolf, Bär und Hund ihrer Beute überlegen. Hier setzen sich die friedlichen Tiere auf geradezu groteske Weise zur Wehr. Damit wären wir in einer Metaphorik, die weniger mit antiker Philosophie als mit der um 1520 bestehenden Lage der protestantischen Bewegung zu tun hat. Luther selbst und seine Anhänger sahen sich, obwohl selbst friedlich, Gegnern gegenüber, die sich wie reißende Bestien aufführten."[16]

Das dazu wohl polar gemeinte Bild von Bär und Kuh entstammt einer Messias-Verheißung aus dem Alten Testament: „Kühe und Bären werden an der Weide gehen, daß ihre Jungen bei einander liegen" (Jes. 11,7). – Fabeln nach Aesop: *Der Hirsch und das Schaf* und *Der Wolf und das Schaf.* (Ein Schaf bricht gerechterweise Versprechen, das ihm vom Hirsch aufgezwungen wurde. – Ein Schaf beeindruckt den gefährlichen Wolf dadurch, dass es ihm offen die Wahrheit sagt – verschiedene Versionen, in denen immer der Wolf das Schaf bzw. Lamm frisst.)[17]

Der Vogelfänger
am unteren rechten Rand des Holzschnittrahmens – in einigen Interpretationen auch als Hühner- und Eierdieb bezeichnet – kommt als davoneilender „Einzelkämpfer" daher. Verunsichert schaut er rückwärts, um möglichen Verfolgern auf leisen Sohlen zu entfliehen. In der Lesart der Zeit ist der Vogelfänger aber das Symbol des Teufels, der die armen Seelen auf Leimruten fängt.

14. Die Fabeln nach Aesop sind auf mehreren unterschiedlichen Internet-Portalen leicht zu recherchieren.
15. Siehe auch S. 196 dieses Bandes.
16. Wie Fußnote 12.
17. Siehe auch DIETHMAR, op. cit., Sp. 752.

Fabel nach Aesop: *Vogelfänger und Rebhuhn*. (Der Vogelfänger schlachtet das Rebhuhn, das ihm zuvor seinesgleichen angelockt hat: Verrat lohnt sich nicht.)

Storch und Frosch
Bleibt zu guter Letzt, eingeklemmt zwischen Druckerpresse und dem Buchdrucker-Monogramm der Storch, der auf die „groben Frösche" lauert. Diese Darstellung soll zeigen, was und wie die natürliche Ordnung ist, als Abbild für das Verhältnis von Fürst und Untertanen.

Fabel nach Aesop: *Storch und Frosch*. (Storch frisst Frosch, der gerade eine Mücke gefressen hat – Der Lauf der Welt: der Stärkere frisst den Schwächeren.)

Die Faszination, die von dem berühmten und einzigartigen Holzschnittrahmen aus der Wittenberger Cranach-Werkstatt bis heute ausgeht, ist über die Jahrhunderte hinweg nie verlorengegangen. Die Pirckheimer Gesellschaft e.V. verwendete ihn anlässlich ihrer Jahrestagung am 23. und 24. April 1994 in der Lutherstadt Wittenberg für die Gestaltung ihrer Einladung.[18]

Bild 11. Verwendung als Sonderdruck der Pirckheimer Gesellschaft, 1994

Das (wohl ursprünglich chinesische) Sprichwort „Ein Bild sagt mehr als tausend Worte" scheint auch im vorliegenden Fall zu stimmen, ist es doch eine Metapher für den Mehrwert von Bildern gegenüber einer ausschließlichen Textgestaltung.

Wir finden diese Einstellung wieder bei den Erfindern und Gestaltern der „Wiener Methode der Bildstatisik", Otto Neurath und Gerd Arntz, die ihrer Philosophie „Was man durch ein Bild zeigen kann, muss man nicht mit Worten sagen" stets treu geblieben sind. Otto Neurath, einer der Pioniere der „sprechenden Zeichen", forderte daher in der hohen Zeit des Bauhauses: „Vorwärts, zurück zu den Bildern!"[19]

18. Besonders auffällig ist dabei, dass durch die hier vorliegende Vervielfältigung im modernen Offsetverfahren (Flachdruck) die Qualität sehr eingeschränkt ist: Das Druckbild erscheint gegenüber den Ausgaben im traditionellen Hochdruckverfahren (Buchdruck) unscharf, „verwässert" und zugelaufen.

19. Siehe Freiberg, Heinz: Die Welt ist voller Zeichen. In: Brückner, Wolfgang; et al. (Hrsg.): *Tagungsband Hagenow 2008*. Münster: Waxmann, 2009 (Arbeitskreis Bild Druck Papier 13), S. 149–160, hier S. 154–155.

Das Logo

... Porträts

Ein Porträt. Für mich verbirgt sich dahinter das Bildnis eines Menschen; auf den ersten Blick sein Antlitz, als Teil seiner äußeren Erscheinung. Dieser Mensch tritt mir entgegen, oder ich ihm, auf einem Gemälde beispielsweise oder auf einem Foto aus Papier. Ich kann ihm in elektronischer Form auf dem Bildschirm begegnen, im Film oder in all seiner Gänze und Schönheit quicklebendig in der Straßenbahn, mit oder ohne Smartphone in der Hand.

Und da beginnt auch schon das Dilemma, für den Maler ebenso wie für den Fotografen und Journalisten.

Die allerkleinste Warze an einem Kinn ist schneller zu entdecken als das größte Herz voll menschlicher Wärme und Güte. Wie den Humor oder die Bescheidenheit eines Menschen darstellen oder beschreiben? Was von seinem Leben und seiner Tätigkeit, den erlittenen Schicksalsschlägen, seinen Freuden und Mühen, den unerfüllten Hoffnungen und Träumen in Erfahrung bringen, um es dann irgendwie festzuhalten, auf Leinwand, Papier oder als elektromische Datei?

Das Vorhaben – einem Menschen in oder mit einem literarischen Porträt gerecht zu werden – muss also zwangsläufig scheitern. Alles bleibt Oberfläche. Alles ist am Ende doch nur Stückwerk.

Interesse für einen bestimmten Menschen zu wecken, der es möglicherweise auch noch verdient hat, porträtiert zu werden, das gelingt schon eher, aber auch nicht immer. Dennoch: Es ist den einen oder anderen Versuch wert gewesen.

Farbe ist ihr Leben

Mich wundert es nicht, dass Sibylle Born den Regenbogen liebt. Schließlich ist Farbe ihr Leben; ein einziges „Colorproject“. Mit ihr wurde Dresden bunter. Seit einiger Zeit arbeitet die Künstlerin aus der Schweiz hier an einer großen Farbstudie. Die ersten Ergebnisse liegen in einer anspruchsvollen Fotoanimation unter der Überschrift: „Im Rausch der Farben“ vor. Doch die Studie geht weiter.

Gemeinsam mit Steffen Köhler (der ursprünglich aus Freital kommt) eröffnet sie vor zwei Jahren in Dresden ein Atelier für Druck, Kunst und Design. „Paperartists“ steht auf dem Firmenschild über der Eingangstür in der Wittenberger Straße Nr. 76. Mit einer klassischen Druckerei oder einem zeitgemäßen Copyshop hat das aber herzlich wenig zu tun.

„Papierartisten“, was sind denn das für Leute? Sibylle und Steffen zum Beispiel. Und was machen die so? Kunst auf Papier, aus Papier und mit Papier. „Paperartists“ sind Kreateure. Sie veredeln Papier und noch vieles mehr. Wie schrieb doch unlängst eine Dresdner Tageszeitung über sie: „Ihre Kunst ist (nicht) von Pappe“. Mein Tipp: Geh hin, ins Atelier, besuche die Beiden und

Sibylle Born • Zeichnung von Hans Reiche

lerne das Staunen wieder! Es werden wunderbare Kurse für alle Altersgruppen angeboten.

Kennengelernt haben sich Sibylle Born und Steffen Köhler eher zufällig über das Internet. Ein

Klick, ein Druckauftrag für eine ganz besondere Visitenkarte standen am Anfang; dann kam die Neugier hinzu, vom Anderen mehr zu wissen. Schließlich reifte der Wunsch, Gemeinsames zu unternehmen, in einer Firma und unter einem Dach zusammenzuarbeiten. Es ist gelungen.

Sibylle Born – die in den 60er Jahren in Zürich geboren wurde, dort Schriften- und Reklamemalerei erlernte, eine Ausbildung in Kalligraphie absolvierte, Kunst & Design studierte, zehn Jahre lang als Andragogin, diplomierte Personalleiterin und Artdirektor des Ateliers für Kunst und Design „Foulart" in Bern und Zürich tätig war – ist in Dresden angekommen.

Die Fahrten in die Heimat werden nun seltener. In der Schweiz hat sie ihre Wurzeln. Ihre Großmutter, Rosa Fröhlich, war Malerin und hat ihrer Enkeltochter Sibylle die Liebe zu den Menschen und zur Kunst schon sehr früh ins Herz gepflanzt. Ich weiß, es klingt pathetisch. Ist aber so!

Born, das heißt: Brunnen. Möge er immerwährend frisch sprudeln und nie versiegen, damit Sibylle noch tausend und eine kreative Idee daraus schöpfen kann.

30. Oktober 2012

„Hier ist jetzt meine Heimat."

Als Abuzar Korkmaz seine Heimat verlässt, weiß er nur eins: Hier kann er nicht bleiben; ohne Arbeit, ohne Bildungschancen, ohne Zukunft.
Vor zwanzig Jahren kommt er in Hamburg an; ohne alles, aber in der Hoffnung, dass sein Leben in Deutschland neu beginnen wird. Da ist er 19. Er, der Kurde aus der Türkei, dem zu jener Zeit immer noch verboten ist, seine eigene Muttersprache zu sprechen.
Damals geht ihm ein Gedicht – des schon zu Lebzeiten berühmten kurdischen Dichters und Schriftstellers Cigerxwin – nicht mehr aus dem Kopf. „Mein Freund, wirf dich nicht fort", so ist es überschrieben. Cigerxwin, der „Dichter der Freiheit", weist ihm den Weg in die Freiheit.

Abuzar Korkmaz lebt nun schon seit längerem in Dresden. Seit 2006 arbeitet er im „Dersim", dem stets gut besuchten „Dürüm-Kebab-Haus" seines Bruders Sait, in der Helmholtzstraße 2, in der Nähe vom Münchner Platz.

Die Region „Dersim", seine ehemalige Heimat, ist weit weg. Sie liegt im mittleren Osten der heutigen Türkei. „Dersim" heißt auf Deutsch „Silberne Tür". Aber bereits im Jahr 1935 wurde die Provinz in „Tunceli" umbenannt. Mittlerweile hält sie einen traurigen Rekord, denn die einheimische Bevölkerung geht gerade dort durch Auswanderung und Flucht am Dramatischten zurück.

Abuzar Korkmaz hat – um im Bild zu bleiben – vor zwei Jahrzehnten schon die „Silberne Tür" zuerst auf- und dann wieder hinter sich zugemacht. Er ist in Dresden angekommen, fühlt sich hier zu Hause und möchte bleiben. „Hier", so sagt er, „ist jetzt meine Heimat".
Inzwischen ist er 39 Jahre alt, verheiratet, und stolzer Vater von zwei Töchtern. Seine Frau heißt Meryem (Maria); die Große, dreieinhalb Jahre alt, Dönay, und die Kleine, erst seit reichlich acht Monaten auf der Welt: Asmin, was so viel bedeutet wie „Bergrose". Und die Rosen sollen blühen, das ist nicht nur sein Wunsch, auf dem Berg wie im Tal, im Frieden, überall auf dieser Welt.

Das Leben ist zuerst Arbeit. Zehn Stunden täglich ist Abuzar Korkmaz – gemeinsam mit dem gesamten Team vom „Dersim" – für seine Kundschaft auf den Beinen.
„Seine Kunden?", das sind zu 99 Prozent Deutsche, vom Studenten bis zum Rentner. Und das Lieblingsgericht ist natürlich der Döner in allen möglichen Variationen. Döner macht schöner! Das weiß inzwischen jeder.

Abuzar Korkmaz · Zeichnung von Hans Reiche

Im „Dersim" schmeckt der Döner besonders gut, sagen die Gäste. Wer Zeit mitbringt oder in Spitzenzeiten auch schon mal ein bisschen auf sein Essen warten muss, der kann hier in aller Ruhe in renommierten deutschen Tageszeitungen und Zeitschriften blättern.

Nach seiner Arbeit geht Abuzar Korkmaz nur ein paar Schritte über die Straße und ist schon zu Hause. Daheim wartet die Familie auf ihn. Da wird dann gespielt, gelacht, gegessen, getrunken, ferngesehen und viel geredet. Da purzeln die Worte in drei Sprachen munter durcheinander – ein Gemisch aus Kurdisch, Türkisch und Deutsch.

Auf seinen Fußballverein, den „FC International Dresden“, lässt er nichts kommen, obwohl er seit kurzem nicht mehr zum aktiven Mannschaftskader gehört. Sein Herz ist aber immer dabei und gehört dem Verein.

Einmal in der Woche trifft er sich mit Gleichgesinnten (nur Männer!) im „Teehaus“. Da spricht man über die Familie, die Heimat, über Politik, über Gott und die Welt. Sogenannte Glaubenskriege, davon ist nicht nur Abuzar Korkmaz überzeugt, sind grausam; sinnlos und unmenschlich obendrein.
„Bildung“, so sagt er, „ist die Grundvoraussetzung für ein wachsendes Verständnis der Menschen untereinander. Gebildete Menschen wissen mehr, sind toleranter und sehen weiter!“
Die Sprache spielt dabei eine herausragende Rolle. „Unsere Sprache ist unsere Identität, unsere Identität ist unsere Würde“, sagen die Kurden.
Und die Würde des Menschen – so steht es schwarz auf weiß in deutscher Sprache in unserem Grundgesetz – ist unantastbar!

2012

Der Hintergrund

Wir, die Frauen und Männer vom Arbeits- und Gesprächskreis „Alternative“ Dresden, hatten uns 2012/2013 vorgenommen, eine Publikation herauszugeben. Die Überschrift für unser Vorhaben war schnell gefunden: „Angekommen in Dresden – Porträts und Interviews mit Ausländern“.
Hans Reiche und Jürgen Münster setzten sich für dieses Projekt den Hut auf; besser vielleicht, Hans an die Staffelei und Jürgen an den Computer. Hans Reiche zeichnete fünfzehn wunderbare, großformatige farbige Porträts. Jürgen Münster brachte die Bilder und die dazugehörigen Texte zur Druckreife.
Die Gespräche mit den in Dresden angekommenen Frauen und Männern aus aller Welt führten, neben den bereits genannten beiden Hauptakteuren, Regina Reith, Michael Kanig, Werner Sucker und ich.

WERNER GRÜNERT (1927 – 2012)

Die „Gorch Fock" auf dem Bücheregal

Vor zwei Jahren ist Werner Grünert hier vor Anker gegangen. Nach dem Tod seiner Ehefrau Renate ging er auf „kleine Fahrt" und fand glücklicherweise recht schnell einen neuen Hafen, hier in seiner Heimatstadt, mitten im Grünen. Nun ist er in Dresden-Leubnitz, im Sozial-Kulturellem Zentrum der Volkssolidarität, zu Hause.

Werner Grünert · Zeichnung nach einem Foto.

Er wohnt zu ebener Erde, in einem schönen, hellen Zimmer, nur fünf Schritte von einem Vogelhäuschen entfernt, das im Garten auf der Wiese steht.
Dresden, ja, sein Dresden. Hier hat er gelebt, gearbeitet und geträumt. Hier wird er auch bleiben. Für immer!
Seit er zehn ist, spielt er Klavier. Nein, kein Schifferklavier, sondern so ein richtig großes. Aber weil das gute Stück nicht mit in sein Zimmer passte, steht es in einem der lichten Speiseräume des modernen Alten- und Pflegeheimes. Und wenn es seine Gesundheit erlaubt, dann spielt er täglich eine Stunde darauf, natürlich ohne Noten, denn seine Lieblingsmelodien hat er seit langem im Kopf, die kann er auswendig.

Werner Grünert ist nun 85. Er weiß nicht, wo die Zeit geblieben ist. Sie ist einfach vergangen; einfach so, ohne ihn zu fragen, mit Freud und Leid, bei Sonnenschein und Regen.

Sein großer Traum, ein richtiger Seefahrer zu werden, hat sich nicht erfüllt. Er baute viele

Jahre lang maßstabsgerechte Modellschiffe und hat fast alle verschenkt. Nur seine „Gorch Fock" steht in seinem Zimmer, ganz oben auf dem Bücherregal, und hat die Segel gesetzt. Und wenn er es möchte, dann geht sie in Gedanken mit ihm auf „große Fahrt".

An den Wänden Bilder von seinem großen Bruder Manfred, der ein talentierter Kunstmaler gewesen ist und den er noch immer bewundert. Das Gemälde „Die Moritzburg" lässt schön grüßen. 1934 hatte es der „Große", in Öl gemalt. Es hat bis heute alle Zeiten überlebt, auch die schlechten.

Damals, nach seiner Lehrzeit als „Elektro-Maschinenbauer", arbeitete halb Dresden im Sachsenwerk, so auch Werner Grünert. Er studierte und war Jahrzehnte lang als Diplom-Ingenieur im VEM tätig. – VEM ist ein Kürzel & Markenzeichen, das es auch heute noch gibt.

Mehr als 60 Jahre lang durfte er mit seiner lieben Ehefrau Renate zusammen sein, bis zu jenem Tage ... Die Grünerts waren viel unterwegs: im schönen Elbflorenz, in deutschen Landen und in halb Europa. Kultur wurde bei ihnen immer großgeschrieben. Konzert-, Theater- und Museumsbesuche bestimmten die Tagesordnung.

Kein Mensch gleicht dem andern. Und kein Zimmer gleicht dem andern hier im Heim. Werner Grünert hat sich seine „gute Stube" gemütlich eingerichtet. Links neben seinem Lieblingssessel steht ein kleiner Schrank mit einer respektablen Sammlung von Musiktiteln, natürlich alle auf CD. Unter dem modernen Flachbildschirm sind weitere Meisterwerke der Musik zu entdecken. Von dort grüßen ihn tagtäglich auch drei weltbekannte Komponisten: Mozart, Haydn, Schubert. Die Musik, die hat ihn sein ganzes Leben lang begleitet.
Und dann sind da noch seine Allerliebsten in den Fotorahmen, Bilder aus der Jugendzeit; zwei kleine Plastiken an der Wand; die Dresdner Frauenkirche „en miniature" und eine uralte Kuckucksuhr.
Der Kuckuck ruft einmal, es ist halb zwölf, Zeit für das Mittagessen.

Wir haben Fotos gemacht und Fragen gestellt. Werner Grünert war damit einverstanden. Er hat Modell gesessen, bereitwillig geantwortet und aus seinem Leben erzählt. Wir – die Schülerinnen der Dresdner Semperschulen – haben uns vorgenommen, von ihm in Schrift und Bild ein Porträt zu machen.

Aber wird es uns gelingen? 2012

Die Anrichte

Frieda Mehlhorn und die Neubauwohnung

Da sitzt sie nun in der modernen Einraumwohnung im Neubaugebiet ihrer Stadt und häkelt an der Borte für ein Spitzentaschentuch. Sie, Frieda Mehlhorn, geborene Schürmann, Jahrgang 1898, ist an ihrer Endstation angekommen. Aber der Gedanke daran schreckt sie nicht. Mit 80 sieht man die Dinge durch das Prisma des Lebens. Das Ende rückt näher und schärfer heran, der Anfang verschwimmt in sanften Kinderträumen weit in der Ferne. Es ist keine Furcht in ihr. In ihrem Innern ist Ruhe.

Auf was für Gedanken man doch kommt, wenn man allein mit sich und der Tag lang ist? Frieda Mehlhorn schüttelt den Kopf. Ihre silbergrauen Locken tanzen wie elastische Drahtspiralen drei-, viermal lustig auf und nieder. Gestern erst war sie zur Dauerwelle. Zwölf Mark hat sie dafür bezahlt.

Ihre Wohnung, die ist in Ordnung. Was manche Leute nur zu meckern haben? Na ja, die können eben nicht anders! Das Wohnzimmer mit der warmen Ornamenttapete ist hell und gemütlich. Die kleine Kochnische reicht für ihr bisschen Essen völlig aus. Im grüngefliesten Bad sprudelt heißes und kaltes Wasser aus den Hähnen. Frieda Mehlhorn fühlt sich wohl. Alles ist ihr sehr schnell zur vertrauten Häuslichkeit, zur bequemen Alltäglichkeit, zur schönen Selbstverständlichkeit geworden.

Vor dem Umzug hierher hatte ihr Nachbar Paul Fischer aus ihrem eichenen Bett – in dem sie über ein halbes Jahrhundert geschlafen hatte – Kleinholz, sozusagen historisches Feuerholz, gemacht. „Frieda“, so hatte er fast vorwurfsvoll gefragt, „du wirst doch nicht etwa den ganzen alten Plunder mit in die neue Wohnung nehmen? Das passt doch dort gar nicht rein, schon von der Größe her, verstehst du?“

Frieda verstand. Paul Fischer hatte Recht. Den doppelt ausziehbaren Tisch gab sie den jungen Leuten von nebenan. Zum Tapezieren wird er noch taugen. Den massiven dreitürigen Schrank schenkte sie Oskar Blumenthal für seine Gartenlaube. Sie hatte nur die Anrichte mit den hübschen Intarsien, den schweren Regulator und ein paar andere Kleinigkeiten mitgenommen. Alles andere in ihrer Wohnung ist nagelneu, selbst der Fernseher.

Der Regulator schlägt dumpf und heiser zur vollen zweiten Stunde. Frieda Mehlhorn blickt misstrauisch auf, schiebt die Brille zurück und sieht auf die goldenen Zeiger hinter dem verglasten Ziffernblatt. Tatsächlich, es ist erst zwei Uhr nachmittags. Warum die Zeit bloß nicht vergeht? Seit elf ist sie fix und fertig angezogen. Sie lehnt sich in den Sessel zurück, lässt ihre Hände für einen Moment nur im Schoß ruhen. Ihr Blick wandert zwischen dem antiken Zeitmesser und den großen Fensterscheiben des Wohnzimmers hin und her, kommt langsam ins Stocken und bleibt schließlich an der Anrichte heften. Sie erschrickt. Beinahe hätte sie etwas ganz Wichtiges vergessen. Auf der Anrichte wischt sie nämlich jeden Tag Staub, jeden! Also wird sie es auch heute tun.

Behutsam nimmt sie die eingerahmten Bilder zur Seite, um danach jedes einzelne sorgfältig zu putzen und wieder an den von ihr festgelegten Platz zu stellen.

Vater, mit den strengen und doch so gütigen Augen, den schwieligen Händen, dem steifen Papierkragen sonntags und dem lustigen Zwirbelbart, ist Schmied gewesen. Er war ein herzensguter Mensch. Was aber zählt das schon? Im August 1916 fiel er vor Verdun. Da waren sie zu Hause nur noch sieben.

Und Mutter – zärtlich, zerbrechlich und zerschunden – ging drei Jahre danach. Tuberkulose und Zucker hat sie gehabt, die vielen Sorgen nicht gerechnet. Da waren sie alle Waisenkinder – die Nachkommen der Familie Anton und Luise Schürmann – und der Hunger wohnte von nun an logisfrei im Haus.

Gut sah er aus, der Emil Mehlhorn. Als er ihr, der Frieda, auf dem Rummelplatz einen Antrag machte, war sie ein wenig verlegen geworden, aber überglücklich. Das JA! kam ihr leicht von den Lippen. Die Hochzeit war bescheiden. Mit geborgten Fahrrädern fuhren sie gemeinsam zum Standesamt.

Für das Hochzeitsbild wird sie einen neuen Rahmen kaufen müssen, denn der alte sieht schon stumpf und fleckig aus. Die Bronze ist abgenutzt. Dass sie das jetzt erst sieht? will ihr gar nicht in den Kopf. Gleich morgen wird sie sich darum kümmern.

Es waren herrliche Jahre mit Emil. Ein freudvoller Monat folgte dem anderen, bis zu jenem schrecklichen Tag, dem 13. Juni 1935, als durch eine gewaltige Explosion in der nahen WASAG auch noch in Wittenberg die Fensterscheiben zersprangen und das Geschirr in den Küchenschränken klirrte. Die „Sprengstoffbude“ zwischen Apollensdorf-Nord und Reinsdorf war in die Luft geflogen. Offiziell 82 Tote, inoffiziell 120. Emil darunter.

Ihr erster Sohn, Emil jun., war der geschickteste Mechaniker weit und breit. „Emil kannst du dieses, Emil kannst du jenes wieder in Ordnung bringen?“ fragten die Leute. Emil konnte es.

„Wir reparieren Uhren und beschlagen Pferde“, ist seine Antwort darauf gewesen. Immer war er

guter Dinge. Er kam aus dem Stalingrader Kessel nicht mehr heraus. Im Februar 1943 war die Nachricht gekommen: Gefallen! Oder erfroren in Schnee und Eis?
Und der Hans, der Kleine, war nicht einmal neunzehn. Was wusste er schon vom Leben? Sie hatten ihn im August 44 in eine Uniform gesteckt und ein zusätzliches Loch ins Koppel gemacht, weil es viel zu weit war für ihn. Hinaus, hinaus ging es, immer noch mit Blümchen am Stahlhelm und einer Panzerfaust über der Schulter. Schöne Ehre, auf dem Feld derselben zu fallen. Irrsinn, Wahnsinn, Mord ist es gewesen!
Vor Jahren war sie nach Gdansk gefahren. Sie trug die schwache Hoffnung in der Brust, das Grab von Hans zu finden. Sie hatte es nicht gefunden. Vielleicht stimmte es auch nicht, dass ihr jüngster Sohn gerade dort begraben sein sollte. Ein Mann, den sie nicht kannte und der Ende 1945 aus der Kriegsgefangenschaft nach Hause gekommen war, hatte ihr zwischen Tür und Angel davon berichtet. Doch warum sollte der die Unwahrheit gesagt haben? Der Kleine mit den blauen Augen wollte hoch hinaus. Pilot wollte er werden. Wollte ...
„Frieda, Frieda, wo bleibst du denn nur?“
Frieda Mehlhorn zuckt beglückt zusammen. Geschwind legt sie den Staublappen aus der Hand, rennt zum Fenster, öffnet es weit und ruft, nein, schreit: „Ich komme! Ja, ich komme! Ich komme ja schon!“
Frieda Mehlhorn hat noch nie einen Kaffeenachmittag bei der Volkssolidarität verpasst. 1979

Aus der Anthologie „Gedichte und Erzählungen“ des Zirkels Schreibender Arbeiter im VEB Kombinat „Elbit“, Wittenberg-Piesteritz.

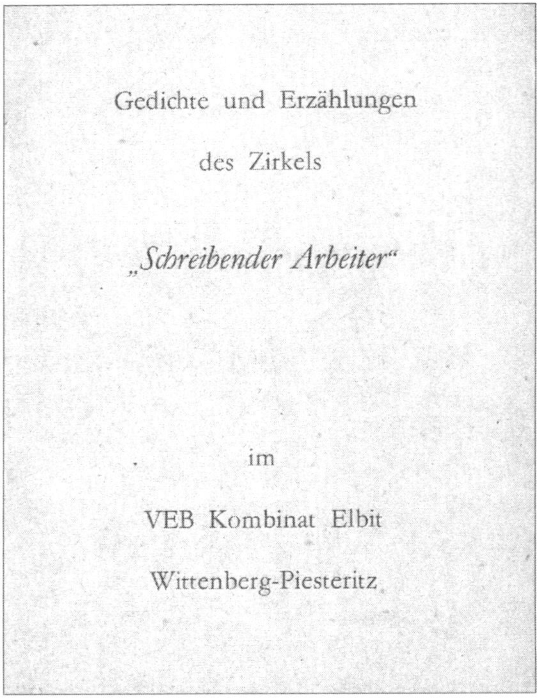

Der Umschlag war schlicht und einfach.

Im Gleis 43

Versuch eines Porträts über Irmgard Fronek

Schreib über sie, mach ein Porträt von ihr. Ja, sage ich leichtfertig; ich werde es versuchen, bereits zweifelnd und entschuldigend. Porträt – Bildnis eines Menschen. Ein anspruchsvoller Auftrag, ein Unternehmen mit Risiko. Risiko? Für wen eigentlich? Für jenen, der die ersten Striche setzen, die Farben mischen, das Wesentliche aus einem ihm fremden Leben festhalten will – und – schließlich muss? Oder doch mehr für das Modell?

Zweimal bin ich dieser Frau schon begegnet. Im vergangenen Sommer ist es gewesen, flüchtig, beim Überfliegen von Zeitungszeilen.

„FREIHEIT", 1. Juli 1978, Lokalseite Gräfenhainichen, Überschrift: „Sie steht seit über 20 Jahren ihren Berg-Mann". Ein Zeitungsporträt. Nicht überwältigend, dennoch ehrlich und informativ, zu viel Kaderakte.

„In der vergangenen Woche, Irmgard Fronek hatte ein paar Tage Urlaub genommen, gab es für sie einen freudigen Schreck in der Morgenstunde. Kollegen aus dem Betrieb waren gekommen, mit feierlichen Gesichtern und Blumen und einem großen Briefumschlag. In der Einladung war zu lesen, dass sich der Minister für Kohle und Energie die Ehre gibt, sie und ihren Ehegatten zu einer zentralen Festveranstaltung und zu einem Empfang in das Kulturhaus des Mansfeldkombinates einzuladen. In ganz kleinen Buchstaben stand auf der silberblauen Klappkarte: Orden und Ehrenzeichen sind bitte anzulegen. – Auf dem Revers ihres Bergmannsrocks werden unter anderem fünf Aktivistenmedaillen, die Nadel eines Verdienten Aktivisten und die Medaille für Verdienste in der Kohleindustrie zu sehen sein. Am Tag der Kohle- und Energiearbeiter wird Irmgard Fronek nun eine weitere, ihre bisher höchste Auszeichnung erhalten. Sie wird als Verdienter Bergmann der DDR geehrt werden. Dazu gratulieren wir recht herzlich!"

„NEUES DEUTSCHLAND", 3. Juli 1978, Seite 3, Überschrift: „Verdiente Bergleute der DDR". Fast am Anfang einer alphabetisch geordneten Namensliste ist zu lesen: „Irmgard Fronek, Gleisfacharbeiter, VEB Braunkohlenkombinat Bitterfeld". Das ist schon der ganze Text. Und das ist auch schon alles, was ich bis heute über sie weiß.

Aber erst zehn Monate später, werde ich ihr gegenüberstehen, mit ihr reden und die Blicke Neugieriger verscheuchen. Schreib über sie, mach ein Porträt von ihr, hatten alle im Zirkel Schreibender Arbeiter gesagt. Ja, hatte ich geantwortet, ich werde es versuchen.

Morgen ist es soweit. Tags zuvor packe ich bereits am späten Nachmittag meine Utensilien zusammen: Papier und Kugelschreiber – Fragen ohne Antworten – Zuversicht und Zweifel – Gummistiefel, Bratwurstbrote, Thermosflasche, Zigaretten. Ich gehe zeitig ins Bett, muss wach sein, wenn sie immer aufsteht. Täglich um halb vier! Hochgeschreckt fingere ich nach dem Wecker. Leuchtziffernalarm! Knopfdruck, Stille. Es ist 2.57 Uhr. Der neue Tag starrt mich durch regennasse Fensterscheiben an. Es gibt Vögel, die zu dieser Zeit schon singen, auch Menschen. „Der Mai ist gekommen, die Bäume ..."

„Drei Uhr! Guten Morgen, liebe Hörer! Heute ist der 5. Mai 1979. STIMME DER DDR bringt Ihnen Nachrichten. Zunächst eine Übersicht in Schlagzeilen: Festakt im Moskauer Oktobersaal anlässlich des 34. Jahrestages der Befreiung des deutschen Volkes vom Hitlerfaschismus +++ Abgeordnete im Gespräch mit ihren Wählern +++ Karl Marx hat Geburtstag +++ Somozas Söldner erschossen weitere Frauen und Kinder +++ Maidanek-Freisprüche sind eine Beleidigung der Naziopfer +++ Kein Frieden im Nahen Osten ohne die PLO +++ Das Wetter: Wechselnd bewölkt, einzelne Regenschauer und Gewitter. Bei klarem Himmel sinken die Temperaturen bis auf Werte um null Grad ab. Für die Jahreszeit weiterhin zu kühl."

Ich muss los.

Eiskörner schlagen senkrecht in meine Hand, als ich sie am Tor zum Tagebau von Golpa-Nord aus dem Autofenster strecke. Nach dem Hagelschauer nieselt es leicht. Der Wetterbericht stimmt. Ich steige ausgewaschene, sandige Pfade zum Tagebau hinunter. Die Gummistiefel drücken ungewohnt. Schrittweise verschmelzen Häuser, Bäume und Überlandleitungen mit dem Grubensaum bis nichts mehr von ihnen zu sehen ist. Aschiges Himmelsgewebe spannt sich über den Tagebau. Die stakligen Umrisse der Bagger verschwimmen im Grau. Eimerketten und Löffelräder stoßen ihre stählernen Zähne kreischend in gewachsene Erde. Der Abraum stöhnt, die Kohle fügt sich sanfter.

Blaue Sterne blitzen auf, wenn die Stromabnehmer der elektrischen Lokomotiven an den Oberleitungen Energie abzapfen. Metallisch, scheinbar immerwährend, klirren die Abraum- und Kohlewagen. Weit weg tuckern Raupen. Ein verschlafener Habicht sitzt stocksteif auf einer verwitterten Holzstange. Hier also arbeitet die Genossin Irmgard Fronek.

Festakterfahrung macht stolz, mitunter bescheiden ... Nun, da ich unmittelbar neben ihr und der zeitweiligen Mannschaft von der Rückmaschine G-181 stehe, bin ich davon überzeugt, von beidem. – Gefühlssache!

„Kommst du mit?“ fragt sie mich kurzerhand, „wir fahren hinter. Am Gleis 43 gibt es was zu tun!“ Ich finde euch, fahrt nur zu, antworte ich. Dabei hätte ich sagen müssen: Mensch Leute, keine passende Frage auf Lager. Einstand verpasst. Porträt – Bildnis eines Menschen. Das fängt ja gut an.

Ich stakse ungelenk durch Pfützen, über Schienen und Kabel und mitten ins Tertiär hinein. Tertiär heißt Erdneuzeit. Hier in Golpa-Nord wird sie ab- und aufgebaut. Irmgard Fronek ist mit dabei.

Im ausgekohlten Tiefschnitt: Sanddünenkippen umweht von gestrigem Braunkohlenhauch, graugrüne Tümpel grüßen als Vorboten eines künftigen Naherholungsgebietes. Die Sonne schweißt sich ein Loch ins Gewölk, als ich am Gleis 43 ankomme. Ich werde die Standardfragen stellen, Fragewort um Fragewort für mich bemühen: Das aushorchende WER, das neugierige WO, das erkundende WANN, das forschende WAS, das peinigende WIE, das bohrende WARUM, das herausfordernde WOZU.

Irmgard Fronek ist nicht eitel. Und sie hat keinen Grund, auch nur ein Jahr ihres Lebens zu verschweigen oder wegzulassen. Sie ist bald fünfzig. Da hat man den Gipfel erstürmt. Das Tal zu erobern wird nicht weniger mühsam sein. Auch bergab gibt es nichts geschenkt.

Ihr Leben verlief wie das Leben anderer – ohne Sensationen – „ganz normal“, wie man im Volksmund so zu sagen pflegt. Sechs Geschwister waren sie zu Hause. Der Vater war Straßenbauarbeiter, die Mutter Hausfrau. Sie gaben ihrer Tochter Irmgard ihre besten Erbanlagen mit: Bescheidenheit, Fleiß, Mut, Disziplin, Beständigkeit.

Als Irmchen zwölf Jahre alt wurde bekam sie ein Poesiealbum geschenkt. Auf der ersten Seite stand: „Edel sei der Mensch, hilfreich und gut!“ Über Europa aber war es dunkel, da half kein noch so schönes Wort gegen den Krieg, auch wenn es von Goethe war. Mit Bleistift hatte sie auf jedem Blatt im Poesiealbum vermerkt, wer wo etwas einschreiben sollte. Einige Seiten blieben für immer leer.

Im Gleis 43 setzt die Rückmaschine weiter. Auf Pfiff bleibt sie stehen. Ihre stählernen „Krallen“ werden dem Gleis angelegt. Bedächtig, fast behutsam, ziehen sie Zentimeter für Zentimeter Tonnenlast nach oben. Junge Männer, erst seit ein paar Wochen kurzhaarig, schaufeln Kies unter die Schwellen, ohne aufzusehen, schnell und gewissenhaft. – Gleisstabilisierung oder Bekiesung, wie die Kumpel dazu sagen. Und das muss stimmen. Der Brigadier mag keine „Achterbahn“.

Irmgard Fronek meint: „Die Jungs, die sind schon in Ordnung. Wir haben oft viel Spaß mit-

einander!“ Die Soldaten sagen: „Frau Fronek ist prima! Sie packt kräftig mit zu. Dass sie die Arbeit hier unten im Tagebau überhaupt aushält, ist stark. Wer will so etwas heute noch machen?“
Ja, Schippenstiele sind ihr vertraut. Heute aber hält sie keine Schippe in der Hand, ausnahmsweise. Denn heute, an diesem wetterlaunischen Maientag, produziert sie Sicherheit. Sicherheitsposten müssen nun einmal sein.
Über der hellblauen Arbeitskombination trägt sie eine orangene Weste. Vor ihrer Brust baumeln Signalhorn, Trillerpfeife und Fähnchenköcher. Die Sanitätstasche ist geschultert. Ihre wachen Augen sind so blau wie die „Kombi“ und ihre rotblonden Locken sehen neugierig unter einem bunten Kopftuch hervor. Die Natur ist eine glänzende Kosmetikerin. – Man sieht es an der frischen Gesichtsfarbe.
Die Gleisbauerin Irmgard Fronek ließ ihre ersten Schweißtropfen im Tagebau Muldenstein, zog dann weiter ins Schlaitzer Revier und schließlich nach Golpa-Nord. Wieviel Stahl sie mit gebettet, wie viele Schwellen mit geschleppt und wie viel Gleise mit gerückt hat, das weiß nur der Wind, der hier wie dort unablässig durch die Tagebaue fegt. Sie hat dabei schwer arbeiten und nachdenken gelernt und Männerwitze zu ertragen. Sie hat geheult in stillen Nächten und geflucht an lauten Tagen. Das aber ist nur die halbe Wahrheit, vielleicht noch nicht einmal die halbe. Gleise bauen macht auch Freude.

FREUDE,
wenn gute Laune gute Stimmung macht und
alles wie am Schnürchen läuft;
wenn keine Havarie die Arbeit stört und
Technik Menschenhand gehorcht;
wenn hohe Leistung Anerkennung findet und
Worte aus berufnem Mund;
wenn Kohle Licht wird in den Häusern und
Energie die Zimmer wärmt.

„Abends sind einem manchmal die Arme kaputt. Da schlafe ich vor dem Fernsehapparat ein“, sagt Irmgard Fronek. Und sie vertraut mir an: „Die kitschigen Liebesfilme sind nichts für mich. Ich sehe mir lieber etwas Spannendes an, da fiebere ich dann richtig mit!“ Früher hat sie auch gern Handarbeiten gemacht. Aber das ist lange her, da ist sie noch die Irmgard von der Post gewesen.
Vor nun mehr als zwanzig Jahren ging sie in die Kohle. Es gab dort mehr Geld. Die Invalidenrente, die ihr Verlobter damals bekam, war schmal. Der Bergmann Herbert Fronek hatte einen bösen Unfall. Er musste – jung und verliebt – seinem Beruf für immer ade sagen, die schwarze Uniform mit den silbernen Knöpfen an den verfluchten Nagel hängen, kaum dass

er sie angezogen hatte. Er hat auf schlimmen Beinen standhaft bleiben müssen. Seine Irmgard blieb es auch. Sie hat in ihrem Leben mehr Krankenhäuser besucht als Gesundbrunnen, mehr auf Betträndern gesessen als auf Parkbänken, mehr auf sich genommen als abgegeben. Als Herbert Fronek einigermaßen „über den Berg war" wurde geheiratet. Die Tochter Bettina kam, dann der Umzug. Die Jahre vergingen mit Mutterglück und Omafreuden, Höhen und Tiefen, Sonderschichten und Erfolgen.

In ihrer Kreisstadt Gräfenhainichen hat sich Irmgard Fronek zeitlebens heimisch gefühlt. Die Neubauwohnung in der Wilhelm-Pieck-Straße 8 bietet heutigen Durchschnitts-Komfort, der nahe gelegene Kleingarten Erholung nach der Schicht. Während ihr Mann dort die Kaninchen und Hühner versorgt, findet sie ein wenig Zeit, um in der Zeitung zu blättern. Sie lächelt immer, wenn Journalisten (ganz sicher in wohlgemeinter Absicht!) von neuen Schlachten berichten und in Riesenlettern von Schlamm-, Hitze- und Winterschlachten die Rede ist. Der Herbst kommt stets zu kurz, obwohl doch Sturmschlacht gar nicht so schlecht klingen würde. Doch der Spott und die leichte Ironie sind fehl am Platze. Gleisbau ist zu jeder Jahreszeit ein hartes Brot.

HART,
wenn Morast nach Stiefelschäften greift und
Gleise tief im Schlamm versinken;
wenn Sonne unerbittlich Haut versengt und
Schatten Mangelware wird;
wenn Wolkenbrüche Gummijacken peitschen
und Stürme an Gedanken zerr'n;
wenn Erde nachts im Frost versteinert und
warmer Atem friert am Tag.

Trotz alledem: Die Genossin blieb, liebt ihre Arbeit, ihre „Abenteuer am Schienenstrang". Auf einem Blatt meines Notizbuches steht: Irmgard Fronek isst täglich eine Doppelschnitte zum Frühstück und mittags leidenschaftlich gern Eintopf. Sie macht an den Wochenenden für die ganze Gleisbautruppe Kaffee und als AGL-Mitglied manchen Krankenbesuch. Sie hat mehrere Neuerervorschläge eingereicht und noch keinen Tag bei der Arbeit gefehlt. Beinahe hätte ich es vergessen, das alles auch noch kurz zu erwähnen.

Ich stehe recht hilflos am Gleis 43. Meine Arbeitsgeräte – Notizblock und Kugelschreiber – machen mich zum Außenseiter, zur Zielscheibe, auf die man, wenn man gerade eben Lust hat, provozierende Worte abschießen kann. Ich ducke mich und bleibe standhaft, schließlich habe ich einen Auftrag zu erfüllen. Schreib über sie, mach

ein Porträt von ihr. Wir brauchen deine Arbeit recht bald, für unsere nächste Anthologie.
„Kommt Leute, kommt", sagt der Brigadier, „in ein paar Minuten sind wir hier fertig!" Er wirkt zufrieden, leicht aufgekratzt sogar, trotz der Anspannung auf seinem Gesicht. Es wird gleich Pause sein, denke ich, Zeit für Bratwurstbrote, Kaffee und Gespräche. Und vielleicht auch noch für eine Zigarette.
Doch es kommt anders. Meine Vorstellungen und Illusionen zerbersten an der Realität. Ein schweres Telefon schrillt, Anruf vom Stellwerk. Eine heisere Stimme sagt gutmütig-fordernd: „Fahrt sofort aus dem Gleis. Die Hebelok muss schnell durch. Hinten sind zwei Wagen rausgeflogen. Es ist nicht zu ändern!"
Mist, verfluchter! Nun wird erarbeiteter Vorlauf zum unverschuldeten Zeitverlust. Nur noch ein paar Handgriffe und am 43er wäre für heute alles erledigt gewesen. Aber so!? Irmgard Fronek gibt Signal.
Sie ist Bergmann, bleibt Bergmann. Wer ist mehr!?

1979

Aus der Anthologie „An der steilen, breiten Straße" des Zirkels Schreibender Arbeiter im BKK (Braunkohlenkombinat) Bitterfeld.

So sah die Umschlagseite 1 der Anthologie aus, in der mein Porträt erschienen ist. Sie wurde von Mitgliedern des Zirkels Bildnerisches Volkskunstschaffen des BKK Bitterfeld am „Klubhaus Aktivist" Zschornewitz geschaffen.
Auf der Seite 1 (der sogenannten Titelei), war dann der richtige Titel der Anthologie „An der steilen, breiten Straße" zu lesen. Sie wurde zu Ehren des 30. Jahrestages der DDR herausgegeben.

... Bücher

In einem Feuilleton über Matthias Claudius habe ich gelesen, dass der vielbeschäftigte und immer unter Geldnot leidende Dichter und Journalist „vor lauter Schreiben“ nie richtig dazu gekommen sei, ein eigenes, größeres Werk zu schreiben; eben, weil er viel zu viel anderes zu schreiben hatte. Das macht mich nachdenklich. Das kenne ich doch irgendwoher!?

Und Georg Christoph Lichtenberg richtet sein Flehen nach ganz oben, wenn er seinen Aphorismus *„Himmel, lass mich nur kein Buch von Büchern schreiben.“* selbst dick unterstreicht. Aber genau das, aus vielen guten Büchern und Texten ein neues, ja, möglicherweise sogar ein „reicheres“ Buch zu machen, kann ich vielleicht am besten. Lieber Georg Christoph Lichtenberg, ich bitte also um Nachsicht. Ich tue nur, was ich kann!?

An Versuchen, ein eigenes Buch zu schreiben, hat es nicht gemangelt. Ganz klitzekleine Werklein (stets stark limitiert) sind zwar erschienen, größere Buchprojekte blieben aber fast immer auf der Strecke. Es gab verschiedene Gründe dafür. Es hat aber auch an mir gelegen!?

ERSCHIENEN SIND:

„Von der Kraft der Liebe, tollkühnen Taten, grausigen Begebenheiten, listigen Streichen & guten Werken“
(Ein Neu-Rollwagenbuch; der Lutherin, Katharina von Bora, und Jörg Wickram gewidmet.)

„Gottfried August Bürger“ (1747 – 1794)
„Else Lasker-Schüler“ (1869 – 1945)
„Heinrich Heine“ (1797 – 1856)
„Friedrich von Schiller“ (1759 – 1805)
„Christian Morgenstern“ (1871 – 1914)
„Mascha Kaléko“ (1907 – 1975)
„Werner Finck“ (1902 – 1978)
„Joachim Ringelnatz“ (1883 – 1934)
„Jacob und Wilhelm Grimm (1785 – 1863 sowie 1786 – 1859)
(Neun Miniaturen anlässlich von Dichter-Jubiläen oder runden Geburtstagen.)

„Lämmermarkt in Kaditzsch“
(Eine Miniatur mit Gedichten anlässlich der jährlichen Volksfeste am 1. Mai in Höfgen und Kaditzsch bei Grimma in Sachsen.)

„Heinz Freiberg – Das bin ich“
(Eine Miniatur mit Gedichten von mir.)

Das kleine Büchlein mit Sagen und Geschichten rund um die Nonnenflucht erschien zu Ehren des 500. Geburtstages der Lutherin im Jahr 1999.

„Wir drudeln“
(Eine Auswahl lustiger Zeichnungen von Schülerinnen und Schülern zum Thema „pars pro toto“.)

„gedichte & anagramme“
(Eine kleine Auswahl meiner Arbeiten aus den Jahren 1970 bis 1990. Eine größere Anzahl von den sogenannten „Anagrammen“ sind in diesem Buch auf den Seiten 62 bis 68 zu finden.)

„Pfefferkuchenweisheiten“
(Die Publikation erschien 2006 in Form eines ausgestanzten Herzens und war für die Kundschaft eines Pfefferküchlers aus Pulsnitz bestimmt.
2015 wurde sie leicht verändert als Eigenwerbung des Verlages neu aufgelegt.)

„Zeitzeichen“ mit Texten von und über ...
... Martin Luther
... Gottfried August Bürger
... Maxim Gorki
... Schrift, Buch & Jünger der Schwarzen Kunst, 1. Teil“
(Die „Lesezeichenbüchlein“ – sämtlich hergestellt im Original Hochdruckverfahren à la Gutenberg – erfreuten sich stets großer Beliebtheit.
Alle erschienen später mehrfach als „Reprint-Ausgaben“ im Offsetdruck- und in verschiedenen Digitaldruckverfahren.)

Luther als Junker Jörg, Holzschnitt von L. Cranach

ZEIT-
ZEICHEN

Texte
von und über Martin Luther
Zusammengestellt
anläßlich der
Wittenberger Historischen Markttage
1983

Ausgewählt, gestaltet
und zu einem ansehnlichen Teil
handgesetzt
von Heinz Freiberg

Druckerei Rotation Dessau, BT Wittenberg II
PwG 279-83 IV-28-2 669

Preis: 0,60 Mark

Texte von und über
Gottfried August Bürger
Zusammengestellt
anläßlich der Dorffestspiele
1992

ZEIT-
ZEICHEN

Ausgewählt, gestaltet
und zu einem ansehnlichen Teil
handgesetzt
von Heinz Freiberg

MAXIM GORKI

»Sturmvogel der Revolution«

Der Dichter im Jahre 1889 in Nishnij Nowgorod

ZEIT
ZEICHEN

Texte
von und über Maxim Gorki

Ausgewählt und gestaltet
von Heinz Freiberg
im Auftrag des Kreiskulturhauses
„Maxim Gorki" und
der Wittenberg-Information

Preis: 1,– Mark

ÜBER SCHRIFT, BUCH
UND JÜNGER DER
SCHWARZEN KUNST

Der »ABC-Baum« · Eine Illustration des
Ulmer Druckers Johannis Zainer um 1490

ZEIT-
ZEICHEN

Ausgewählt, gestaltet
und zu einem ansehnlichen Teil
handgesetzt
von Heinz Freiberg
I. Teil

Preis: 1,– Mark

„7. Oktober 1984 – Das ist unser Tag“
(Dahinter verbirgt sich ein Daumenkino. Es wurde anlässlich des 35. Jahrestages der DDR von mir geschrieben und von Richard Tietze illustriert. Die Ideen für das Cover stammen vom Grafik-Designer Axel Bertram und dem Schriftsteller Hermann Kant. Das Daumenkino erlebte insgesamt fünf größere Auflagen. Die Publikationen erhielten eine zusätzliche letzte Seite, die vom jeweiligen Bestellers individuell gestaltet wurde.)

„20 Jahre Edition Freiberg“
(In dieser 24-seitigen Festschrift gibt es einen Rückblick auf das Wachsen und Werden des Verlages in den Jahren von 1996 bis 2016. Freud und Leid lagen in dieser Zeit sehr oft dicht beieinander.
Gegründet wurde die Edition Freiberg am 31. Mai 1996 in Zörnigall, einer Gemeinde im Landkreis Wittenberg. 20 ausgewählte Titel aus dem Verlagsprogramm, jeweils einer aus jedem Jahr, sprechen von der Vielfalt der Themen und literarischen Handschriften.)

EDITION FREIBERG
Der Verlag für junge Autoren und Junggebliebene

„Martin Luther – Ein Brevier“
(Diese Publikation erschien 2017; also in jenem Jahr, als der Reformationstag am 31. Oktober für alle Bürgerinnen und Bürger der Bundesrepublik ein staatlich verordneter Feiertag war. Die 32-seitige Drucksache mit Texten und mehreren Illustrationen von und über M. Luther kam in ganz besonderer Gestalt daher: als ausgestanztes Medaillon mit Anhänger.)

Die Titelseite ziert ein Kapselbildnis von Martin Luther. Auf der Rückseite des Breviers ist eine Abbildung von Katharina von Bora zu sehen.

NICHT ZUR WELT GEKOMMEN SIND:

„Frieden zu finden, ist ein einziges Fest“
(Das Interview mit Friedrich Schorlemmer ist weder als Buch veröffentlicht, noch in vollständiger oder gekürzter Form in irgendeiner Zeitung oder Zeitschrift abgedruckt worden. Der vollständige Text wurde zwar in unserem hauseigenen Rechner erfasst, aber nie druckreif fertiggestellt. Es gab große Bedenken, die im Interview beim Namen genannten Personen ungefragt zu veröffentlichen. Der Cover-Entwurf zum bisher unvollendeten Buchvorhaben existiert bereits seit 1990. Die Zeichnung darauf stammt von Stephan Köhler und wurde dem Buch „Träume und Alpträume“, Verlag der Nation, entnommen.)

„Zeitzeichen über Schrift, Buch und Jünger der Schwarzen Kunst, 2. Teil“
„Zeitzeichen über Schrift, Buch und Jünger der Schwarzen Kunst, 3. Teil“
(Beide „Zeitzeichen“ waren sowohl inhaltlich als auch satzmäßig komplett fertiggestellt, sind aber nie erschienen. Ihr „Schicksal“ wurde in den Jahren der politischen Wende (1989/1990) besiegelt. Den beiden Vorhaben wurde leider keine Druckgenehmigung erteilt, obwohl beim Rat des Bezirkes Halle/S., Abteilung Kultur, schriftlich darum gebeten wurde. Ein größerer Abschnitt meines Briefes vom 1. März 1988 ist auf der gegenüberliegenden Seite abgedruckt.)

So sollte der Buchumschlag aussehen.

FREIBERG

Der Name mit dem Herzen

Zörnigall, den 1.3.1988

Sehr geehrter Genosse Hoffmann!

Es ist sicherlich nicht verwunderlich, daß ich auch künftig ein "Bleiwurm" bleiben sowie hervorragende Typographen des In- und Auslandes kurz vorstellen möchte. Von ihnen kann man viel lernen.
Heute sende ich Ihnen die Texte, das Layout und die beinahe vollständigen Probeabzüge der vorgesehenen Klischees für den III. Teil der "Zeitzeichen über Schrift, Buch und Jünger der Schwartzen Kunst". Die fehlende Abbildung eines revolutionären Bauern mit Bundschuhfahne und die dazugehörigen Zeilen aus dem ND vom 3o./31.1.1988 sind der nahe bevorstehenden Ehrung Thomas Müntzers anläßlich seines 5oo. Geburtstages gewidmet. Die Schriftprobe der Prillwitz-Antiqua von Prof. Dr. Albert Kapr ist ganz aktuell erschienen, auch sie wurde zum Klischieren in Auftrag gegeben.
Ich erbitte eine Druckgenehmigung für
8 Zeitzeichen (Lesezeichen)
im Format von 7,4 x 21,o cm mit Banderole
Auflage: 2ooo Exemplare
Karton: verschiedene Restbestände (weiß, grau, gelb)
Sehr geehrter Herr Hoffmann, ich hoffe sehr, daß der III. Teil des Zeitzeichens über die "Schwarze Kunst" Ihre Zustimmung und später Absatz findet. Später heißt in diesem Falle, zu den 5. Wittenberger Historischen Markttagen im Herbst dieses Jahres.

„Das kleine Walfischbuch"

(Das „Lügengeschichtenbuch" zu Ehren von Gottfried August Bürger sollte noch zu DDR-zeiten, Mitte 1988, anlässlich der Dorffest-spiele in der Gemeinde Molmerswende im Harz erscheinen. Es erhielt aber keine offizielle Druckgenehmigung, obwohl alle Arbeiten in der sogenannten Druckvorstufe erfolgreich abgeschlossen, der „Linotype"-Maschinensatz bereits hergestellt sowie ein Stanzeisen zur Druckveredlung bestellt, bezahlt und vorhanden waren. Es hat aber nicht sollen sein.)

„Das kleine Walfischbuch" sollte in ausgestanzter Form erscheinen. Hier ist die Titelei zu sehen.

„Epigramme von Gottfried August Bürger"

(Die vorgesehene Sammlung ist leider nicht erschienen, weil ein Auftraggeber, Geld und der verlegerische Mut fehlten. Eine offizielle, staatlich erteilte Druckgenehmigung für Publikationen war 1990 endgültig und für immer abgeschafft worden.)

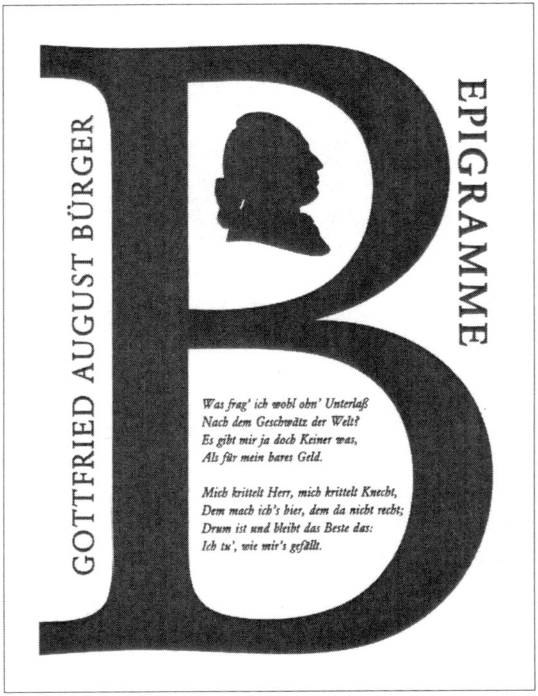

Die „Epigramme" von Gottfried August Bürger haben leider nie das Licht der Welt erblickt.

„Wahlk(r)ampf"
(Eine selbstredende Fotodokumentation aus dem Jahr 1990. Wilde Wahlwerbung an Litfaßsäulen, auf Werbeflächen aller Art und an Häuserwänden in Halle an der Saale anlässlich der ersten freien Wahlen.
Der alte „Mitteldeutsche Verlag" lag zu jener Zeit in seinen letzten Zügen und war nur noch am eigenen Überleben interessiert, nicht aber an meinem Buchprojekt. P. S.: Der „Mitteldeutsche Verlag" war dennoch nicht ganz totzukriegen, denn er lebt noch heute.)

„Rotröschen"
(Eine märchenhafte Geschichte zu einem Kinderbuch mit großformatigen farbigen Illustrationen von Dr. Gawrail Antonow aus Neuruppin. Am 29.03.1987 eingereicht zu einem Kinderbuch-Wettbewerb des Aufbau-Verlages. Es gab keine Antwort. Die Original-Zeichnungen wurden nicht zurückgeschickt und sind verschwunden. Der Text ist erhalten geblieben und wird im dritten Buch von *„ich schreibe."* unter dem Kapitel *„Märchen"* zu finden sein.)

„Das große Lesebuch der Generationen"
(Diese respektable Sammlung von Texten zum Thema „Jung und Alt" sowie zahlreichen Schüler-Illustrationen konnte nicht erscheinen, weil es einige urheberrechtliche Bedenken gab. Dennoch wurde bei mehreren musikalisch-literarischen Programmen aus dem umfänglichen Manuskript gelesen.)

„Immer unter Druck"
(Die geplante dreiteilige Publikation über den Aufstieg und den Fall einer kleinen ostdeutschen Druckerei zur Wendezeit 1989/1990 blieb bisher unvollendet. Nur einige Teile daraus wurden im Internet veröffentlicht oder in mehreren Power-Point-Präsentationen verarbeitet.)

Anlässlich der Geschäftsübergabe ließ der Obermeister Gerhard Satke aus Halle/Saale eine Torte backen. Der Druckergreif steht für die Innung, die Versalien S und F für Satke und Freiberg, den vormaligen und künftigen Firmeninhaber.

„Typisch Trude – Die Mutter Courage der Grauen Panther-Bewegung“
(Von den drei „Co-Autoren“ gingen in „wirren Zeiten“ zwei verloren. Der dritte Autor war ich. Allein wäre ich aber nicht in der Lage gewesen, Trude Unruh ein angemessenes literarisches Denkmal zu setzen.)

Auch hier war das Cover bereits fertig.

„Das erste und das letzte Wort“
(Unter dieser Überschrift sollten ursprünglich einige meiner Vor- und Nachworte zu Büchern in einer Sammlung erscheinen.
Dies ist nicht geschehen. Jetzt finden sich eine Vielzahl meiner Vor- und Nachworte in dem dreibändigen Werk *„Ich schreibe.“*, im ersten und dritten Buch, wieder.)

„Kopfkonfekt & coole Sprüche“
(An diesem mehrjährigen Projekt waren zahlreiche Schülerinnen und Schüler „meiner“ Schule, der AIK, den späteren Semperschulen Dresden, beteiligt. Mit Begeisterung wurden Bibelzitate, Häuserinschriften, Aphorismen, „Botschaften vom Mast“, Sprüche gegen Lethargie, Geistesblitze großer Denker, Geflügelte Worte, fröhliche Grabinschriften, Stilblüten, Ausreden, Wahlversprechungen, Werbeslogans, Sentenzen und Graffiti messages gesammelt und künstlerisch gestaltet. Für den Druck des Buches „Kopfkonfekt & coole Sprüche“ fehlte ganz einfach immer das Geld.)

Nach Golde drängt, am Golde hängt doch alles. Ach wir Armen!

Johann Wolfgang von Goethe

… Flugblätter

Ludwig Rubiner (1881 – 1920) schreibt 1917 in der Zeitschrift „Zeit-Echo“: „Das Ideal ist: das Flugblatt, der bibliothekarisch ganz wertlose Wisch, der einfache bedruckte Fetzen Papier, den man in die Tasche stopft. Oder man wirft ihn weg, und nur darauf kommt es an, dass man ihn nie wieder vergessen kann, wenn man einen Blick auf ihn warf: so tief hat er getroffen.“

Ich habe die Erfahrung gemacht, dass Flugblätter gleichermaßen geliebt und gehasst werden. Das ist seit 1488 so; also seit jener Zeit, da das Massenkommunikationsmittel „Flugblatt“ erfunden und erstmals nachweisbar ist. Der Buchdruck war sein genialer Geburtshelfer.

Welche Merkmale zeichnen nun die „Textsorte Flugblatt“ im Besonderen aus? Kann es wirklich fliegen? Ja, es kann, in Wirklichkeit wie im metaphorischen Sinne. In Form von Einblattdrucken wurde es zum bedeutendsten Kampfmittel der jungen protestantischen Bewegung. Um Verfolgung und Zensur zu entgehen, blieben ungezählte fliegende Blätter anonym. Das ist bis heute der Fall.

Flugblätter kann man von Flugzeugen, Ballons und Drohnen, auch von Hausdächern, Kirchtürmen und Brücken aus auf die Erde segeln lassen; man kann sie in Briefkästen stopfen oder auf Straßen und Plätzen, mit und ohne Geschrei, unters Volk bringen; sie werden in der Regel massenhaft, meist ein- oder zweiseitig gedruckt; kostenlos verteilt, vertrieben oder angeklebt; sind streitbar, polemisch und zeitkritisch; und werden in Wort und Bild häufig von Schriftstellern, Journalisten und bildenden Künstlern, also fast immer kollektiv, erarbeitet und gestaltet.

Die fliegenden Blätter erscheinen unperiodisch, plötzlich und unverhofft. Sie treffen die Öffentlichkeit meistens unvorbereitet. Der zufällige Finder und Leser eines Flugblattes kann sich nie sicher sein, ob es ihm zum Nutzen oder Schaden gereicht. Und noch etwas: Man darf die „richtigen“ Flugblätter auf keinen Fall mit den sogenannten „Flyern“ der heutigen Werbebranche verwechseln.

Wie so oft, lieferte uns Martin Luther die Vorlage für unsere Arbeit. Wir nahmen seine Liedzeile „Vom Himmel hoch, da komm' ich her, ich bring' euch gute neue Mär, ..." wörtlich.

Am Reformationstag, dem 31.10.1994, hatten wir eine Aktion geplant, die dann (leider!) nicht stattgefunden hat.

Wir hatten zuvor in unserer eigenen Druckerei gut zweitausend Flugblätter hergestellt, die wir dann bei einer günstigen Gelegenheit vom Schlosskirchenturm hoch oben dem Wind anvertrauen wollten.

Es kam aber nicht dazu, weil wir vorgewarnt und gebeten wurden, es nicht zu tun. Die Reinigung der Stadt von solchem „Unrat", so hieß es aus berufnem Munde, könnte uns sehr teuer zu stehen kommen.

Martin Luther schlägt seine 95 Thesen an die Schlosskirchentür zu Wittenberg an • Radierung von Gustav Adolph Spangenberg.

Unser Flugblatt ist am Ende doch noch wohlbehalten unter größere Teile der Wittenberger Bevölkerung gekommen. Schließlich gab es nunmehr auch neue Wege, Drucksachen verteilen zu können. So konnte man, nicht ganz billig, seine Publikationen als Beilage in den „Mantel" einer Wochenzeitung einfach einlegen lassen. Alles ohne Zensur! Es interessierte niemanden, was in der Drucksache stand. Wir haben daher ganz schnell noch ein paar tausend Flugblätter „Vom Himmel hoch, ..." gedruckt, zur dienstbaren Wochenzeitung gebracht und einlegen lassen.

Die Rückseite des Flugblattes zeigt einen Ablassbrief, ein Porträt von Johann Tetzel und zwei „fromme Sprüche".

Im Herbst 1995 nutzten wir zum 2. Mal die Möglichkeit, ein von uns gestaltetes Flugblatt in eine regionale Wochenzeitung einlegen zu lassen. Die Schöndruckseite weist dabei auf die Eröffnung unseres Büros und Zweigbetriebes in der Lutherstadt Wittenberg hin. Mit großem Mund und in Großbuchstaben verkünden wir stolz und sehr selbstbewusst:

WIR KOMMEN AUCH FÜR SIE IN DIE LUTHERSTADT!

Die Eröffnungsfeier am 6. sowie der Antiquariatstag mit Schriftstellerlesung am 7. Oktober 1995 waren ein voller Erfolg. So mancher schwärmt heute noch davon. Nun waren wir in Halle/Saale, in Lutherstadt Wittenberg und auch in Zörnigall, unserem Wohn- und Heimatort, zu Hause.

Auf der Widerdruckseite des Flugblattes hatten wir eine Abhandlung über das Wappentier der Jünger der Schwarzen Kunst – den Greifen – als Bewahrer von Buch, Kultur und Bildung, abgedruckt. Das Flugblatt fand auch unter Kollegen allgemeine Anerkennung, nicht aber unsere großsprecherische Anzeige, die sich in der Ausgabe mit dem eingelegten Flugblatt befand.

Andere Druckereien zeigen was sie haben; wir dagegen, was wir können.
Am 6. *Oktober* eröffnen wir in der Lutherstadt Wittenberg · Sternstraße 8 · unser neues Büro. Wir würden uns auch freuen, Sie einen Tag später, am 7. *Oktober*, zum 1. Antiquariatstag, 10 bis 18 Uhr, in unseren Räumen begrüßen zu können. Nachmittags ist von 15 bis 17 Uhr eine Schriftstellerlesung vorgesehen.

Druckerei Freiberg

Unsere Anzeige im „Wochen-Spiegel“ vom 04. Oktober 1995.

Der Druckergreif

In angesehenen Nachschlagewerken ist heute noch zu lesen, daß Kaiser Friedrich III. (1440-1493) den Buchdruckern ein Wappen verliehen hätte, nämlich im goldenen Schild den doppelköpfigen Reichsadler, der Tenakel und Winkelhaken in den Fängen hält und auf dem gekrönten Helm einen wachsenden Greifen mit zwei Druckerballen in den Klauen. Daran ist kein Wort wahr. Kaiser Friedrich III. hat zwar einem berühmten Buchdrucker ein Wappen verliehen, nämlich dem Johann Mentelin zu Straßburg, aber keinen Adler und keinen Greifen, sondern einen Löwen, und es steht außer allem Zweifel, daß dieses Wappen nur für den Empfänger und seine Leibeserben, nicht etwa für die ganze Buchdruckerschaft bestimmt war.

Eine Wappenverleihung an die Buchdrucker war zu Zeiten Kaiser Friedrichs schon deshalb ausgeschlossen, weil es damals noch gar keine Buchdruckerzünfte gab, und zu einer Wappenverleihung gehörte wie zu jedem anderen Rechtsgeschäft ein rechtsfähiger Partner, der die Urkunde in Empfang nehmen konnte.

Das angebliche Diplom Kaiser Friedrichs ist niemals gesehen worden. Kein Zeitgenosse hat es erwähnt; erst 150 Jahre nach dem Tod des Kaisers findet sich zum erstenmal ein Hinweis auf die Sage von der Verleihung eines Buchdruckerwappens.

Daß die Verleihung eines Wappens an Johann Mentelin den Anlaß zur Sage vom Buchdruckerwappen gegeben hat, ist sehr wohl möglich, aber selbst diese Sage ist kaum vor dem 17. Jahrhundert entstanden, denn außer den Druckerballen, die hier und da als Handwerkszeichen verwendet wurden, gab es noch zu Anfang des 17. Jahrhunderts keine Darstellung, die als Buchdruckerwappen galt.

Zwar erscheint der Greif etliche Male in Buchdruckersigneten, aber nicht häufiger als irgend ein anderes Tier, und es ist sicher, daß der Greif in allen diesen Fällen ein rein persönliches Zeichen war.

Es ist mit Gewißheit anzunehmen, daß das allgemeine Buchdruckerwappen in seiner frühesten Form erst aus Anlaß des Jubiläums der Buchdruckerkunst im Jahre 1640 entstand. In diesem Jahr läßt sich sein Dasein zum erstenmal nachweisen.

In einem Leipziger Festgedicht aus dem gleichen Jahre findet Timotheus Ritzsch der Jüngere folgende Worte:

> Dies neue Werk hat nun dem Kaiser so beliebet,
> Daß er diejenigen, so solche Kunst geübet,
> Mit Privilegien hat herrlich überfüllt,
> Und ihnen auch verehret den Greifen in den Schild.

Die Sage von der Wappenverleihung, die hier zum erstenmal ausgesprochen wurde, fand rasch festere Gestalt.

Nun war die kaiserliche Wappenverleihung eine durch nichts mehr zu bezweifelnde Tatsache geworden, obwohl es noch längere Zeit dauern sollte, bis auch das zu dieser Verleihung gehörige Wappen erfunden war.

Der Schöpfer eines einheitlichen Buchdruckerwappens ist offenbar der Heraldiker Caspar Büsching (Bussingius), der in der 1713 zu Hamburg erschienenen dritten Auflage seiner „Kurzgefaßten Heroldskunst" die folgende, bis dahin unbekannte Nachricht brachte: „Die Buchdrucker haben zum Wappen den zweyköpfigen schwarzen Reichsadler in Gold, jedoch ohne Krone, welcher in der rechten (!) Klaue einen Winkelhaken, in der linken aber zwey auf einander gesetzte Druckerballen hält. Auf dem Schild stehet ein offener gekrönter Helm, und aus der Krone raget ein halber geflügelter Greiff mit ausgestreckter Zunge herfür, welcher in seinen beiden Forder-Klauen ein paar über einander gesetzte Drucker-Ballen hält." Damit war ein wichtiger Schritt zur Vervollständigung der Buchdruckerwappensage getan.

Wo es sich heute darum handelt, ein „Wappen" der Buchdruckerkunst anzubringen – als Schmuck einer Ausstellung, auf einer Urkunde, einem Einband oder in einem Geschäftszeichen – da fällt die Wahl so gut wie nie auf das vollständige Wappen mit Schild und Helm. Man verwendet auch nicht den Adler mit Tenakel und Winkelhaken, sondern den Greifen, der längst zum eigentlichen und lebendigen Wappentier der Buchdruckerkunst geworden ist.

Der uralte, blitzesschnelle, goldhütende und kluge Sagenvogel hat seine Lebenskraft in erstaunlicher Weise bewiesen. Es ist ein schönes Sinnbild, und wir sollten ihm treu bleiben.

Aus: „Der Greif – Eine Geschichte des Buchdrucker-Wappentieres", Bauersche Gießerei, Frankfurt am Main

Tischreden Doctor Martini Lutheri / so er in vilen Jaren / die Zeyt seines Lebens / gegen Gelehrten Leuthen /

Getruckt zu Franckfort am Mayn / im Jar M. D. LXVIII.

Seite 1 der „Tischreden"

Im Auftrag der Staatlichen Lutherhalle Wittenberg erarbeitete ich 1984 – ein Jahr nach den Feierlichkeiten anlässlich des 500. Geburtstages von Martin Luther – ein mehrseitiges Flugblatt. Auf den Seiten 2 und 3 war eine kleine Auswahl von Tischreden Martin Luthers zu lesen.

Lasset uns nur flugs bitten wider den Krieg, daß nicht alles verwüstet und verderbt werde

Ein Messer hält das andre in der Scheide.

Der Wolf frißt auch die gezählten Schafe.

Was soll die Schneide am Schwert, wenn sie nicht scharf ist, zu schneiden?

Recht hat jener Bauer gesprochen, daß der Harnisch gut ist, wer ihn zu gebrauchen weiß.

Die Welt ist wie ein betrunkner Bauer. Hebt man ihn auf einer Seite in den Sattel, so fällt er auf der anderen wieder herab. Man kann ihr nicht helfen, man stelle sich, wie man wolle, sie will des Teufels sein.

Manchem scheine ich ein wenig zu bitter und scharf gewesen zu sein.

Zorn am rechten Ort ist eine Gabe Gottes.

Nur der Zorn ist mir noch geblieben, der doch meistens notwendig und gerecht ist.

Viele Hände machen leicht Arbeit

Arbeit macht stark und widerstandsfähig.

Sei kein fauler Mensch, friß nicht, was andere Leute sammeln.

Meine Gedanken haben mir weher getan, als all meine Arbeit.

Es ist gut pflügen, wenn der Acker gereinigt ist.

Viele Mühen erträgt der Deutsche bei seiner Arbeit. O, ertrüge er doch gleichermaßen den Durst!

Wer wohl denkt, dem ist wohl

Wer im Geringsten treu ist, der ist auch im Großen treu; wer im Geringsten untreu ist, der ist auch im Großen ungerecht.

Sei ein Teil der Regierung im Staats- oder Hauswesen.

Gut ist ein Werk, das anderen wohl tut.

Ein einziges Gewissen aufrichten ist mehr, als hundert Königreiche haben.

Wer den Leuten in der Welt will wohl tun, der muß erwägen, Undank dazu zu verdienen.

Wahrheit ist kräftig.

Ach, es ist ein groß Ding, das Wort haben und ein Stück Brot.

Privatleute bekümmern sich um Privatangelegenheiten, so wie der Arzt sich um einen jeweiligen Patienten kümmert. Aber die Obrigkeit muß sich um das Gemeinwesen kümmern. Darum hat sie es dauernd mit sehr weittragenden Entscheidungen zu tun.

Ämter soll man scheiden von der Person.

Wer nicht durch die Finger sehen kann, kann nicht regieren.

Die menschliche Natur muß weit, ja weit über der unvernünftigen Natur sein.

Man sollte den Gästen einen guten Trunk geben, damit sie fröhlich werden.

Wenn ich allein die Briefe, die man mir geschickt hat, aufbewahrt hätte – ein großes Haus könnte ich damit füllen. Die vielen Briefe sind Zeugen meiner Arbeit. Aber nichts hat mich mehr gequält als die Sorgen, vor allem die nächtlichen.

Liebe ist stark wie der Tod

Der Mann streckt all seine Zweige nach dem Weibe aus, als wollte er sie in den Arm nehmen.

Wo Feuer und Stroh beieinander liegen, da ist gar bald ein Brand.

Ich selbst freilich werde als ein Liebhaber der Ehe sterben.

Der Ehestand ist nötig und geboten.

Glücklich und selig ist, wer in guter Ehe lebt! Aber es ist eine seltene Gabe.

Es gibt kein Vergnügen, außer daß es sinnlich erlebt wird.

Denn wenn etwas vorhanden ist, so ist es uns zuwider; ist es fern, so lieben wir es. Ovid sagt: Das Erlaubte stößt ab, viel schärfer reizt das Verbotene. Das ist die Schwachheit unserer Natur.

Beischlaf ergibt sich leicht, auch ohne Ehe. Aber das schönste Ehepfand sind Kinder. Es ist die beste Wolle am Schaf.

Untreue ist auch Dieberei.

Vorn ist Gelegenheit beschopft, doch kahlköpfig hinten.

Denn während einer sündigt, ist kein Schmerz da. Aber später bleibt ein bedrücktes Gewissen zurück, das mehr und mehr verzweifelt.

Ohne die Praxis kann niemand gelehrt sein

Denn wir müssen schrittweise höher steigen, von einer Treppe zur anderen Stufe.

Niemand wird auf einen Schlag der Beste!

Ich hab' meine Theorie nicht auf einmal gelernt, sondern hab' immer tiefer und tiefer grübeln müssen.

Die ärmsten Jungen sind im Studium die fleißigsten.

Man muß Leben und Lehre unterscheiden

Die rechte Weise zu übersetzen ist, daß man das *vocabulum* nicht zu nahe noch zu weit, sondern möglichst treffend, gemäß der Eigenart der jeweiligen Sprache, nehme.

Unachtsam ist eine neue Vokabel, faul, das ist ein gutes altes Wort, liederlich trifft in die Mitte.

Was ich weiß, das kann ich beweisen; was ich aber nicht beweisen kann, das weiß ich auch nicht.

Ich lobe mir Astronomie und Mathematik, denn sie arbeiten mit Beweisen.

Lies nur, lies nur! Du wirst wohl immer etwas finden, das du zuvor nicht gewußt hast.

Wer die Buchstaben gering achtet, der wird nimmermehr etwas Großes lernen.

Wer vom Schreiben nichts weiß, der meint, daß es keine Arbeit sei. Drei Finger schreiben, aber der ganze Körper plagt sich ab. Es ist eine große Arbeit, lobenswert, wer sie recht gebraucht.

Kein großer Mensch hat ohne Irrtum gelebt

Was wir überhaupt wissen in den Wissenschaften und in der Philosophie, das verdanken wir Philippus. (Gemeint ist Ph. Melanchthon) Er ist wohl ein schlichter Magister, ist aber ein *Doctor* über alle *Doctores*. Es ist auf Erden keiner, den die Sonne bescheint, der solche Gaben hätte. Darum laßt uns den Mann groß achten.

Es tut mir weh, das Philipp Melanchthon so sehr an der Astrologie hängt, da er doch mächtig durch sie betrogen wird.

Wer Philippus nicht als einen Lehrer anerkennt, der muß ein rechter Esel und Bachant sein, den der Dünkel gebissen hat.

Je höher das Amt ist, in dem jemand steht, um so mehr und schwerer sündigt er.

Die Juristen können nur Mücken fangen; die großen Hummeln reißen hindurch.

Wenn Friede ist, regiert die Musik

Musik habe ich immer geliebt. Wer die Musik hochhält, ist von guter Art. Man muß die Musik auf jeden Fall in den Schulen behalten.

In allen Künsten ist das Schlichte das Bessere. In der Theologie, Medizin, Rhetorik, Dialektik etc. zollt man dem Einfachen mehr Beifall, denn es ist anders als das Komplizierte nicht so (durch Irrtum und Selbstüberschätzung) gefährdet.

Die beste Erquickung für einen betrübten Menschen ist die Musik.

Ach, Kunst ist eine edle Ware!

Sprachkenntnis ist allen nützlich, zumal Soldaten und Kaufleuten, damit sie auch mit Ausländern umgehen können ... Und ihr Eltern könnt euren Kindern keinen sichereren Schatz anlegen als Kunst und Wissenschaft. Haus und Hof verbrennet, gehet hin. Kunst ist gut zu tragen.

Ein großer Vogel muß ein großes Nest haben

Wer über sich hauet, dem fallen Späne in die Augen.

Ein Bienlein ist ein kleines Tier, macht süßen Honig; dennoch hat es einen Stachel.

Wo die Lerche ist, da ist gern der Kuckuck auch, denn er meint, er könnte tausendmal besser singen als sie.

Es gehen viele Worte in einen Sack

Hätte ich ihn nicht gebissen, hätte der Papst mich gefressen.

O, wenn doch jeder, der im Predigtamt steht, in Rom gewesen wäre und gesehen hätte des Papstes Jahrmarkt!

Sie werden doch nicht so hoch hinaus singen, wie sie es angefangen haben?

Sechs Stücke gehören zu einem Prediger, wie ihn die Welt jetzt haben will: 1. daß er gelehrt sei; 2. daß er eine feine Aussprache habe; 3. daß er beredt sei; 4. daß er eine schöne Person sei, den die Mägdelein und Fräulein lieb haben können; 5. daß er kein Geld nehme, sondern zugebe; 6. daß er rede, was man gerne hört.

Der Geizhals sucht den Verschwender

Falsche Prediger sind ärger denn Jungfrauenschänder.

Gedanken sind zollfrei.

Aufschub ist der gegenteilige Fehler von Eile.

Wir sind der Art: wenn wir einen Pfennig haben, so wollen wir gern einen Gulden; haben wir einen Gulden, so hätten wir gern hundert.

Es sitzt mancher Geizwanst auf großem Gut, und kann dasselbe doch nicht mit Lust genießen.

Wer zuviel haben will, der behält zuletzt nichts.

Man sollte den alten Rock nicht eher wegwerfen, bevor man einen neuen hat.

Die Trinkstube verdirbt die Bürger gar: Da lernet man müßig gehen, spielen, fressen und saufen; Hurerei folget hernach.

Seite 4 der „Tischreden"

Die Seiten 1 und 4 der Flugschrift (hier leider nur stark verkleinert wiedergegeben) zeigen die Titelseite eines Buches von Johannes Aurifaber und fünf verschiedene Buchtitel von legendären Kampfschriften Martin Luthers sowie einen Holzschnitt aus der Cranach-Werkstatt.

Gruß
der Wittenberger Botenläufer

Uns, den Wittenberger Botenläufern, wird in diesem Jahr die hohe Ehre zuteil, den großen historischen Festumzug anläßlich der Hochzeit von Martin Luther und Katharina von Bora anzuführen.

Hört, liebe Leute, seid ganz Ohr:
wir sagen euch manch' Sprüchlein vor !

Wir machen's aller Welt bekannt:
Martinus ist im Ehestand!

„Die Ehe ist ein köstlich Ding!"
Ihr seht's an Luthers Ehering!

Kathrin von Bora, sie soll leben,
Die Luther ihre Hand gegeben.

Die Botenläufer sagen's klar:
Martin und Katrin sind ein Paar.

Mag alle Welt auch toben:
Laßt uns Martinus loben!

Mag alle Welt auch toben:
Laßt uns die Katrin loben!

Mag alle Welt auch noch so schrei'n:
Der Martin soll die Katrin frei'n!

Kund und zu wissen nah und fern:
Der Martin hat die Katrin gern!

Auch Katrin liebt den Martin sehr,
Da wird das Ehejoch nicht schwer!

Im wunderschönen Monat Mai
als alle Knospen sprangen,
Da hat beim Doktor Luther auch
die Liebe angefangen.

Viel Glück dem jungen Ehepaar!
Das wünscht der Botenläufer Schar.

Laufender Bote · Holzschnitt von Jörg Wickram · 1554

Liebe Gäste aus nah und fern !

In diesem Jahr finden Sie uns – die Botenläufer Wittenberg e.V., den Briefmarkenfachhandel Iser und die Druckerei Freiberg – auf dem Kirchplatz an der Wittenberger Stadtkirche St. Marien. Besuchen Sie uns !

Gegeben zu Lutherstadt Wittenberg, am 13. Tag im Juni 1998

„Laufender Bote", Holzschnitt, Strassburg, 1554.

„Luthers Hochzeit" ist das größte Volksfest in Mitteldeutschland. Es findet jährlich in Wittenberg statt, stets im Juni; also in jenem Monat, in dem sich Martin und Katharina dereinst das Ja-Wort gaben. 1998 führten die Wittenberger Botenläufer e.V. den historischen Festumzug an.

Johann Tetzel – ein fiktives Porträt • Kupferstich aus dem Jahre 1717.

Wie man weiß, ist der Ablasskrämer Johann Tetzel nie nach Wittenberg gekommen, um dort seine Ablassbriefe unter das Volk zu bringen. Bis nach Jüterbog im Brandenburgischen hat er es aber geschafft. Das nebenstehende Flugblatt erschien 2002 anlässlich eines Stadtfestes in Jüterbog.

Ehrbare Bürger und Gäste der hochwohllöblichen Stadt Jüterbog !

Jedem und allen, die heute zum Johannis-Markte gekommen sind, rufe ich zu:

Ubertreibt es nicht mit euren Freveltaten und auch nicht mit der Sparsamkeit !

Tut Buße ! Ich, Johann Tetzel, befreie euch von allen Schrecknissen des Fegefeuers.

Erwerbt darum meine päpstlich gesegneten Ablaßbriefe und ihr werdet aller Sünden ledig sein.

Reue allein genügt nicht; nur durch Opfer an Gut und Geld entgeht ihr den Höllenqualen.

Bedenkt, daß eure lieben Verstorbenen auch große und kleine Sünder gewesen sind.

Oh, möget ihr doch recht schnell zu der löblichen und befreienden Einsicht gelangen, daß

Geben seliger, denn Nehmen ist; ich nehme euer Geld nur, damit euch vergeben wird.

Jüterbog, im Juni anno Domini MMII

Johann Tetzel

Mainzer Generalsubkommisarius

Bautzener/Budyšiner-Bilder-Bogen

Folge 2002 · Heute: Sprichwörter

Pod němskej drastu wostań ći wutroba serbska. – Unter deutschem Rock behalte dein sorbisches Herz.

Zahe zwuć, so runy puć. –
Lern beizeiten, den graden Weg
zu schreiten.

Kralojo so čahaju, ludźik płaći worčiznu.
– Der König fängt die Händel an,
die Zeche zahlt der kleine Mann

Wjelki će zežeru, budźeš-li wowca. –
Die Wölfe werden dich fressen,
wenn du ein Schaf bist.

Stóž starych njećesći, so z hańbu zestari.
– Wer Alte nicht in Ehren hält,
im Alter selbst in Schande fällt.

Lubše wopytanki, rjeńše radowanki. –
Je lieber die Gäste,
um so schöner die Feste.

Knježa su serbski lud dajili, ale wón so njeje
zadajić dał. – Die Herren würgten das sorbische Volk, aber es ließ sich nicht erwurgen.

Što kral by sebi chcył, hdy by bjez
bura był. – Was finge ein König an
ohne den Bauersmann.

K dobrej skli tež dobra šklenca słuša.
– Zu einer guten Schüssel gehort ein
gutes Glas.

Młoda lubosć přez wšě płoty łazy. –
****
Junge Liebe klettert über alle Zäune.

Bjez prócy a potu bróžeń prózdna
wostanje. – Ohne Schweiß und Beschwer
bleibt die Scheune leer.

Bórze pěkna žiwnostka, do korčmy so
zwotnoša. – Hin zur Schenke trägt sich
leicht, was dir sonst fürs Leben reicht.

Z pilnej ruki, změješ muki. –
****
Aus der Hände Fleiß kommt die Speis'.

Die Texte sind dem Bändchen „Kajkiž ptačik – tajke hrónčko · Wie der Vogel – so das Lied" · Domowina-Verlag Bautzen · entnommen
Alle Abbildungen stammen von Künstlern des 16. Jahrhunderts · Gestaltung, Satz und Druck: Edition Freiberg · Leipzig

Im Jahr 2002 feierte Bautzen das 1000-jährige Jubiläum der schriftlichen Erst-Erwähnung der Stadt. Wir hatten uns am 31. August und 01. September 2002 unter das „fahrende Volk" der Handwerker und Trödler, Gaukler und Schausteller gemischt. Wir druckten auf unserer „Nudel" – einer alten Abziehpresse – zahlreiche historische Ansichten der Stadt und verteilten das fliegende Blatt „Bautzener/ Budyšiner-Bilder-Bogen" unter die zahlreichen Gäste des Stadtfestes. Das Besondere daran war, dass dieser Bilder-Bogen zweisprachig erschien, in Sorbisch und in Deutsch. Die dabei verwendeten Sprichwörter hatten wir dem Buch „Kajkiž ptačik - tajke hrónčko • Wie der Vogel - so das Lied" vom Domowina Verlag Bautzen entnommen. Alle Illustrationen (Holzschnitte) stammen von bekannten Künstlern des 16. Jahrhunderts.

Über 300 Auszubildende der „AIK Dresden“, an dieser Gestalterschule war ich viele Jahre als Lehrer für das Fach PHD (Papier, Handwerk und Druck) tätig, beteiligten sich im Bibeljahr 2003 am Schülerwettbewerb „Bibel heute“. Sie haben dabei in zahlreichen künstlerischen Arbeiten geflügelte Worte und biblische Weisheiten ins Bild gesetzt. Das finale und beeindruckende Buch beinhaltet auf insgesamt 212 Seiten nur eine Auswahl der besten künstlerischen Arbeiten. Alle Akteure waren mächtig stolz als sie erfuhren, dass sie mit zu den Siegern im Bibelwettbewerb gehörten. Es gab einen Empfang beim damaligen Bischof von Dresden-Meißen, Joachim Reinelt, ein Gespräch am runden Tisch mit Frank Richter sowie eine Besichtigung der Druckerei von Christoph Hille. Obendrein gab es Büchergutscheine für alle am Projekt Beteiligten.

Zu den Zeichnungen: 1. Madlen Reck · „Unter die Räuber fallen.“ · Lk 10.30

2. Anett Breite · „Reden ist Silber, Schweigen ist Gold.“ · Ps 12,7

3. Marie Kozak · „Sich im eigenen Netz verfangen.“ · Ps 9,16

Zum Bibeljahr 2003

Geflügelte Worte

Die Bibel ist voll davon. Täglich gehen wir mit ihnen um; wie selbstverständlich, ohne auch nur einmal über ihren tieferen Sinn, den Hintersinn, nachzudenken. Es mußte erst das Bibeljahr her, damit wir kurz inne halten, uns auf die Bibel besinnen, auf das Buch der Bücher.
Mehr als 300 Schüler der AIK Dresden – dort bin ich als Lehrer tätig – haben sich am Schülerwettbewerb „Bibel heute“ beteiligt. Sie haben biblische Weisheiten gekonnt ins Bild gesetzt. Davon zeugen die künstlerischen Arbeiten auf dieser Seite. H. Freiberg

4. Romy Thiermann · Ps 104,15

5. Julia Weber · „Da ist der Teufel los.“ · Offb 20,7

6. Hannes Hirche · „Bis hierher und nicht weiter!“ · Hiob 38,11

Magdeburg gegen Ende des 17. Jahrhunderts · Aus der Beilage zur „Geschichte der Stadt Magdeburg“

Magdeburger Erklärung

„Eigentum verpflichtet, sein Gebrauch soll zugleich dem Wohle der Allgemeinheit dienen“.

Grundgesetz Artikel 14.2

Im Bewußtsein
unserer Verantwortung für die gesellschaftliche Entwicklung fördern wir die Achtung der Menschenwürde in unserem Staat.

In Bekräftigung
unseres Rechtsbewußtseins stehen wir fest auf der bestehenden Rechtsordnung unseres Staates, die in ihren Grundpositionen im Grundgesetz festgeschrieben ist.

Wir vermissen
die konsequente Umsetzung aller festgeschriebenen Rechtspositionen durch die in unserem Land Regierenden.

Wir fordern

- die Bundesrepublik auf, ihrer Verantwortung für die Einhaltung der Würde des Menschen in unserem Staat konsequent gerecht zu werden.
- aus der Erkenntnis, dass die regierende Politik in unserem vereinten Land in einen Zustand von gnadenloser Ungerechtigkeit, Sozialverschleiß und fehlender Perspektiven versunken ist, ein neues Konzept der gerechten Verteilung der Einkommen und Güter.

Selten ist ein Flugblatt das Werk eines Einzelnen. Es ist und bleibt aber unbestritten, dass Dieter Meyer aus Magdeburg stets federführend bei der Erarbeitung von schriftlichen Dokumenten und Materialien für die Partei der „Grauen Panther“ war. Die „Magdeburger Erklärung“ vom 04. Juli 1997 ist dafür nur ein Beispiel von vielen. Auf der Seite 1 des Flugblattes ist u. a. zu lesen: „Wir fordern die Bundesregierung auf, ihrer Verantwortung für die Einhaltung der Würde des Menschen in unserem Staat konsequent gerecht zu werden.“ Weiter heißt es dann: „Wir fordern aus der Erkenntnis, dass die regierende Politik in unserem vereinten Land in einen Zustand von gnadenloser Ungerechtigkeit, Sozialverschleiß und fehlender Perspektiven versunken ist, ein neues Konzept der gerechten Verteilung der Einkommen und Güter.“

Die Forderungen der „Grauen Panther" werden auf Seite 2 fortgesetzt. „Wir fordern ein Sozialsystem, das keinen Menschen wegen Armut ausgrenzt; ein Bildungssystem, einschließlich der Berufsausbildung, das jedem Bürger die gleichen Bildungschancen einräumt; eine andere Politik, also eine andere Regierung, die dem Souverän unseres Staates, dem Volk, dient und nicht sich selbst bedient." An anderer Stelle heißt es: „Wir brauchen eine starke außerparlamentarische Opposition; eine Regierung, die das Volk nicht als Gegner behandelt; den mündigen Bürger, der sein aktives Wahlrecht dazu benutzt, dem Volke und somit sich selbst zu dienen." Weiter ist zu lesen: „Allen Bürgern rufen wir zu: Handle, indem du wählst!" Das alles ist mehr als 20 Jahre her, aber mir scheint, es ist aktuell geblieben. Die „Grauen" gibt es nicht mehr. Ihre Ideen aber leben!

- ☞ ein menschenwürdiges Konzept der Verteilung der vorhandenen Arbeit, mit dem Ziel einer Arbeitssicherung als Beamtenarbeitssicherung auf Lebenszeit.
- ☞ ein Rentensystem, das dem Gleichheitsprinzip des Grundgesetzes gerecht wird.
- ☞ einen Nationalen Sicherheitsfonds für Sozial-Wirtschaft (WISO)
- ☞ ein Sozialsystem, das keinen Menschen wegen Armut ausgrenzt.
- ☞ ein Bildungssystem, einschließlich der Berufsausbildung, das jedem Bürger die gleichen Bildungschancen einräumt.
- ☞ für die Jugend ein gesichertes Berufsleben und eine Zielorientierung auf die menschlichen Werte.
- ☞ eine andere Politik, also eine andere Regierung, die dem Souverän unseres Staates, dem Volk, dient und nicht sich selbst bedient.
- ☞ dass nicht nur Eigentum verpflichtet, sondern auch Kapital.

Wir erinnern

- ☞ an die Obhutspflicht aller Verfassungsorgane für alle Bürger;
- ☞ an die humanistischen Werte eines menschlichen Lebens;
- ☞ an die 20 Punkte der Wahlprogramme der Partei DIE GRAUEN - Graue Panther zu allen Bundestagswahlen

Wir rufen auf

- ☞ wer die Regierung nicht will, muß aus der Zuschauerrolle, aus der Zuschauerdemokratie heraustreten;
- ☞ wir brauchen eine starke außerparlamentarische Opposition;
- ☞ wir brauchen eine Regierung, die das Volk nicht als Gegner behandelt, sondern wahre Volksvertreterinnen und Volksvertreter;
- ☞ wir brauchen den mündiggen Bürger, der sein aktives Wahlrecht dazu benutzt, dem Volke und somit sich selbst zu dienen.

Allen Bürgern rufen wir zu:
„Handle, indem Du wählst!"

An der Schwelle des Millenniums brauchen wir neue Werte und Perspektiven. Beginnen wir zu Handeln!

DIE GRAUEN - Graue Panther sind ein Garant für das Bündnis der Generationen, getreu unserem Gründungsleitsatz: Heute wir, morgen ihr! – Für die Menschenwürde in unserem Land.

Wir brauchen mehr Mut für unser Land!

Unsere Lösung ist der von uns seit 1989 erarbeitete und auf dem 10. Bundesparteitag in Magdeburg verabschiedete Nationale Sicherheitsfons für Sozialwirtschaft – SOWI;
für Arbeitsplatz- und Rentensicherheit im Schulterschluß der Generationen.

Partei der Generationen
DIE GRAUEN
Graue Panther

Ansicht von Eisenach – Im Hintergrund die legendäre Wartburg · Kupferstich von Matthäus Merian d.Ä. um 1650

Eisenacher Bekenntnis

Würde Luther heute predigen, so würde er mit kräftigen Worten gegen den Sozialabbau sprechen.

Die Stimme für Schwache zu erheben, ist die Pflicht aller Christen und der im Auftrage des Volkes handelnden Politiker in Bund, Ländern und Kommunen.

Der Magdeburger Erklärung stellten wir den Artikel 14.2 unseres Grundgesetzes voran „Eigentum verpflichtet, sein Gebrauch soll zugleich dem Wohle der Allgemeinheit dienen".

In der Erkenntnis, dass das Eigentum in unserer Gesellschaft immer stärker über das Kapital gebildet wird, fordern wir die zwingende Ergänzung des Grundgesetzes im Artikel 14.2: „Eigentum und Kapital verpflichten, . . .". Damit bekennen wir uns in unserer politischen Aussage eindeutig zur weiteren Ausprägung der sozialen Marktwirtschaft.

Das Grundgesetz sagt aus: „Die Würde des Menschen ist unantastbar . . .".

Wir bekennen uns zu dieser Würde und fordern deren konsequente Einhaltung in unserem Lande. Unsere Definition der Würde: „Unter der Würde der menschlichen Persönlichkeit kann der innere und zugleich der soziale Wert und Achtungsanspruch verstanden werden, der den Menschen als Träger höchster, geistiger und sittlicher Werte zukommt", . . . der Mensch muß als selbstverantwortliche Persönlichkeit anerkannt bleiben".
(Creifels Rechtswörterbuch – Stichwort Menschenwürde, BVerf GE 45,228)

Das „Eisenacher Bekenntnis" der „Grauen Panther" vom 31. Oktober 1997 erschien als Folgedokument drei Monate nach der „Magdeburger Erklärung". Das „Eisenacher Bekenntnis" beginnt mit den Worten: „Würde Luther heute predigen, so würde er mit kräftigen Worten gegen den Sozialabbau sprechen. Die Stimme für Schwache zu erheben, ist die Pflicht aller Christen und der im Auftrage des Volkes handelnden Politiker in Bund, Ländern und Kommunen."

Logo des SSB – Senioren-Schutz-Bund – Basis und Dachverband der „Grauen Panther".

Auf der Rückseite des Flugblattes war u. a. folgendes zu lesen. „Wir bekennen uns zur deutschen Einheit, es stimmt uns froh, dass alle Deutschen unter dem Schutz des Grundgesetzes stehen. Wir erkennen, dass die Deutschen in den alten und neuen Bundesländern einander näher gekommen sind. – Es stimmt uns traurig, dass sie noch nicht voll zueinander gefunden haben, weil der Einigungsprozess im Inneren noch belastet ist durch Vorurteile, mangelndes Vertrauen, Eigennutz und Gewinnsucht."

„Heute wir morgen ihr"

Slogan der Partei der Generationen „Graue Panther".

Durch schöperische Arbeit hat sich der Mensch in den Jahrtausenden seiner Entwicklung zum Menschen entwickelt und weiterentwickelt. Zu dieser Aussage bekennen wir uns und fordern eine richtige Wertigkeit und Neuformulierung der Arbeit des Menschen. Es sind in der modernen Gesellschaft solche Bedingungen zu schaffen, daß ein Recht auf Arbeitssicherung die Würde des Menschen achtet. Wir fordern in diesem Zusammenhang die Umgestaltung der bestehenden Wertigkeitssysteme, wie Lohn, Gehalt, Rente, Pension, Steuern u.a.m. In menschlich überschaubare und der Würde des Menschen entsprechende Systeme, als wesentliches und bedeutsames Denkmodell dient der auf dem Parteitag beschlossene NATIONALE SICHERHEITSFONDS (SOWI).

Wir sind gegen die bloße „Verwaltung der Gesundheit des Menschen".

Wir bekennen uns eindeutig zum Bund der Generationen, da in diesem Bund die Würde des Menschen reale Wirklichkeit ist.
„Ganz früher konnten Jugendliche von ihren Vorfahren lernen. Später konnten Kinder und Erwachsene gleichzeitig lernen. Schließlich müssen Erwachsene von ihren Kindern lernen". Diese Erkenntnis verletzt nicht die Achtung „der Alten" in unserer Gesellschaft, sondern unterstreicht die Bedeutung des Bundes der Generationen.

Wir bekennen uns zum vereinten Europa. Wir fordern die Schaffung einer Europäischen Verfassung durch Verfassungsentscheide.

Die Einheit der Deutschen wächst auf der Grundlage von gegenseitigem Vertrauen und Respekt voreinander.
Das Bekenntnis zur eigenen gemeinsamen deutschen Nation wird dabei förderlich sein.
Wir bekennen uns zur deutschen Einheit und es stimmt uns froh, dass alle Deutschen unter dem Schutz des Grundgesetzes stehen. Wir erkennen, dass die deutschen in den alten und neuen Bundesländern einander näher gekommen sind.
Es stimmt uns traurig, das sie noch nicht voll zueinander gefunden haben, weil der Einigungsprozeß im Inneren noch belastet ist durch Vorurteile, mangelndes Vertrauen, Eigennutz und Gewinnsucht.
Wir fordern, dass das Zusammenwachsen noch entscheidender als bisher gefördert werden muß.
Die Einheit Deutschlands muß vollendet werden. Diese Einheit wird nicht allein durch materielle Gleichstellung, sondern im Zuge einer geistigen Erneuerung, die zu mehr Gemeinsamkeit führt, vollendet werden.
Wir treten dafür ein, dass die Menschen nicht nur in Freiheit leben, frei reisen und sprechen können, sondern das sie Verständnis für ihre Sorgen finden, Akzeptanz und Anerkennung der Lebensleistung verspüren.

Wir brauchen ein Bündnis für soziale Demokratie, wie es auch die Erfurter Erklärung schreibt. Wir brauchen eine andere Regierung. Wir stehen dafür ein, dass die Abgeordneten in den Deutschen Parlamenten als wahre Volksvertreter agieren.

„Eisenacher Bekenntnis" vom 31.10.97 zur „Magdeburger Erklärung" vom 04.07.97

DIE GRAUEN-Graue Panther
Partei der Generationen

Der Traum Friedrichs des Weisen – „Luthers Thesenanschlag" – Allegorischer Holzschnitt aus dem Jahre 1617

Thesenanschlag gegen Sozialabbau

1. Die Wirtschaft ist für den Menschen da und nicht die Menschen für die Wirtschaft.

2. Das Soziale ist der Zweck der Wirtschaft, nicht Hindernis oder Abfallprodukt.

3. Sparpakete dürfen nicht den Schutz des Menschen wegsparen.

4. Reichtum auf Kosten der Armen ist ein biblischer und menschlicher Skandal.

THESE 1:

Die Wirtschaft ist für den Menschen da und nicht die Menschen für die Wirtschaft.

Dieses Flugblatt wurde in Thal bei Eisenach am 31. Oktober 1997 verteilt und am „Schwarzen Brett" der Gemeinde angeschlagen.

„Luthers Thesenanschlag" – Detail aus einem Holzschnitt aus dem Jahre 1617.

5. Freiheit ohne Solidarität führt zu Egoismus, Habgier und Ausbeutung.

6. Nicht der Sozialstaat ist teuer, sondern die Arbeitslosigkeit. Sparen wir uns diese.

7. Gewinn und Leistung sowie Wettbewerb sind Mittel der menschlichen Gesellschaft und nicht Selbstzweck.

8. Nächstenliebe und Solidarität gestehen anderen das gleiche Lebensrecht zu wie mir selbst.

9. Sozialstaat ist mehr als ein Kostenfaktor; Sozialstaat bedeutet Leben in Würde und Freiheit und Teilhabe am gesellschaftlichen Leben für alle Menschen.

10. Die Entfilzung von Politik und öffentlichem Dienst sowie die Einführung der Beamtenquote für Parlamentarier führen zu mehr Würde des Menschen in der Gesellschaft.

11. Volksentscheide sind wesentliche Grundrechte des mündigen Bürgers und müssen grundgesetzmäßig gesichert sein.

Wartburgkreis/Thal bei Eisenach 31. Oktober 1997

DIE GRAUEN-Graue Panther
Partei der Generationen

Das Panther-ABC

A B C
Der Panther lebt im SSB!

D E F
Der Panther geht zum Treff!

G H I
Der Panther kämpft, und wie!

J K L
Der Panther, der ist schnell!

M N O
Der Panther macht dich froh!

P Q R
Der Panther legt sich quer!

S T U
Der Panther stört die Ruh!

V W X
Der Panther beißt ganz fix!

Y & Z
Der Panther ist sehr nett!

Diese „Grauen“ stellten sich zur Landtagswahl 2004 in Sachsen.

… Jahreslosungen

Einmal im Jahr – meistens im Oktober oder November – denke ich mir eine Jahreslosung für das darauffolgende Jahr aus. Die meisten „frommen Sprüche“ habe ich nur irgendwo abgeschrieben oder aufgeschnappt, weil sie mir gut gefielen und zum bevorstehenden Jahr wunderbar zu passen schienen.

Seit 1988 – dem ersten Jahr unserer Selbständigkeit – erscheinen die Losungen des Jahres auf verschiedenen Drucksachen unseres Hauses. So auf Neujahrskarten und Jahresgaben, Kalenderkärtchen, Lesezeichen, Werbezetteln, Aufklebern, Vignettenstempeln, Buttons und Bierdeckeln. Zu finden sind sie auch auf Einwickelpapieren für Bonbons, Banderolen, Einlegern, Visitenkarten, Ansichts-, Spruch- und Duftkarten, Kopfbögen, Briefumschlägen, personalisierten Briefmarken und natürlich auch im Internet.

1988/1989 „Es gibt kein Vergangenes, das man zurücksehnen dürfte, es gibt nur EIN EWIG NEUES." *(Johann Wolfgang von Goethe – Goethe macht sich immer gut)*

1989/1990 „Wer zu spät kommt, den bestraft das Leben."
(Wird Michail Gorbatschow zugeschrieben, ist aber nicht 100prozentig verbürgt)

1990/1991 „Wer spricht von Siegen? Übersteh'n ist alles!"
(Rainer Maria Rilke wusste uns in schweren Zeiten zu trösten und machte Mut)

1991/1992 „Erfahrung ist der beste Meister! – Drei vom Fach unter einem Dach!"
(Slogan der drei Handwerksmeister Detlef Klößer, Gerlinde und Heinz Freiberg)

1992/1993 „Wer in schlechten Zeiten nicht zu uns hält, braucht in guten nicht mit uns zu rechnen."
(Letzter Satz in einem Brief an die Volksbank Halle/Saale)

1993/1994 „Wir haben gewusst, dass die deutsche Einheit etwas kostet, aber nicht geglaubt, dass wir sie allein bezahlen müssen." *(Aus einem Brief von uns an Helmut Kohl)*

Karte zu unserer Geschäftseröffnung 1988.

Neujahrskarte 1990 / 1991.

1994/1995 „Kopieren kann jeder! Drucken ist eine Kunst!“
(Unsere Kritik, die mindere Druckqualität der ersten Kopier-Shops betreffend)

1995/1996 „Andere Druckereien zeigen was sie haben;
wir dagegen, was wir können.“ *(Unsere großkotzige Anzeige in einer Wochenzeitung)*

1996/1997 „Ach, reines Glück genießt doch nie, wer zahlen muss, und weiß nicht wie.“
(Wilhelm Busch – Die gedruckte Spruchkarte ging auch an das Finanzamt Wittenberg)

1997/1998 „Die Schnelldruckereien kommen und gehen,
wahre Buchdruckerkunst aber bleibt bestehen.“ *(Behauptung und Wunsch von uns)*

1998/1999 „Immer unter Druck!“
(10 Jahre Druckerei Gerlinde & Heinz Freiberg – Eine Dankesschrift an Freunde)

1999/2000 „Gute Fahrt ins nächste Jahrtausend!“
(Unser Neujahrswunsch und Slogan auf einem Vignettenstempel zum Millennium)

Rückseite des Taschenkalenders für 1995.

Paket- und Briefaufkleber 1997 / 1998.

2000/2001 „Johannes Gutenberg – Der Mann des Jahrtausends!“
(Postkarten und Vignettenstempel, dem Erfinder der Buchdruckerkunst gewidmet)

2001/2002 „Wer den Leuten in der Welt will wohl tun,
der muss erwägen, sich Undank dazu zu verdienen.“ *(Martin Luther)*

2002/2003 „Der € (Euro) ist da – unser neues Geld!“
(Erfolgreiche Neujahrsaktion unserer Druckerei auf dem Leipziger Hauptbahnhof)

2003/2004 „Keine gute Tat bleibt ungestraft.“
(Ein geflügeltes Wort, vom Nobelpreisträger Günter K.-J. Blobel gern und oft zitiert)

2004/2005 „Das neue Jahr, das stellt dir neue Fragen.
Antworte klar mit JA! Und lerne NEIN! zu sagen.“ *(Wenn möglich, bitte beides tun!)*

2005/2006 „Stirbt erst ’mal der Mittelstand, dann stirbt auch bald das Vaterland!“
(Lieblingsspruch unseres langjährigen Nachbarn Reinhold Springer aus Zörnigall)

Vignettenstempel – Johannes Gutenberg gewidmet.

„Neujahrsempfang“ für den Euro – Vignettenstempel.

2006/2007 „Die Druckkunst ist das schönste Geschenk, das der Mensch sich selbst gegeben hat.“ *(John Osborne – Lob für Johannes Gutenberg)*

2007/2008 „Handwerk ist Werk der Hand, beseelt vom Herzen, geleitet vom Verstand.“ *(Johann Wolfgang. von Goethe – Handgeschriebenes Spruchblatt von Rainer Jacob)*

2008/2009 „Ad fontes! – Zu den Quellen!“ *(Philipp Melanchthon, dem Praeceptor Germaniae – Lehrer Deutschlands, zugeeignet)*

2009/2010 „Die Gedanken sind frei“ *(Hoffmann von Fallersleben, Jahreslosung und Buchtitel unserer 1. Großen Anthologie)*

2010/2011 „Man braucht nur eine Insel“ *(Mascha Kaléko, Zeile wurde auch der Buchtitel für unsere 2. Große Anthologie)*

2011/2012 „Nur was man verschenkt, geht wirklich nicht verloren!“ *(Von Beginn an das Motto unserer jährlichen Spendenaktion „Ein Buch für Kinder“)*

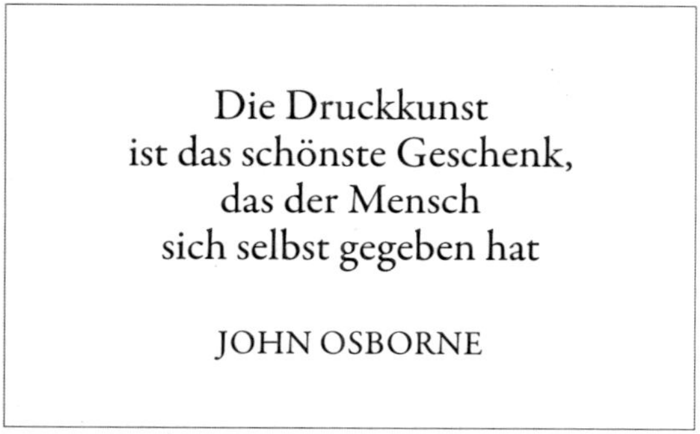
Die Druckkunst
ist das schönste Geschenk,
das der Mensch
sich selbst gegeben hat

JOHN OSBORNE

Spruchkarte für die Eigenwerbung.

HANDWERK
IST WERK
DER HAND
BESEELT
VOM HERZEN
GELEITET
VOM VERSTAND
GOETHE

Hängt neben unseren Meisterbriefen.

2012/2013 „Altes Wissen weiter geben, aber nicht am Alten kleben.“
(Eröffnung unserer Historischen Druckstube in der Volkshochschule Dresden-Gorbitz)

2013/2014 „Überall ist Wunderland. Überall ist Leben.“
(Joachim Ringelnatz, Überschrift unseres Workshops in seiner Geburtsstadt Wurzen)

2014/2015 „Da bin ich“, sagt das neue Jahr, und flüstert mir ins Ohr:
„Sieh immer nach, was ist und war, vor allem aber, sieh dich vor!“
(Besonders vor Autoren, die mit ihren Anwälten drohen! – Eine Warnung von mir)

2015/2016 „Wenn ich den Papst nicht gebissen hätte,
hätte er mich gefressen.“ *(Martin Luther, wie immer mutig, direkt und unbeugsam)*

2016/2017 „Feige zu sein, lohnt nicht!“
(Franz Kafka – Aus seinem Nachlass, den Max Brod glücklicherweise aufbewahrte)

2017/2018 „Lasset die Geister aufeinander prallen, die Fäuste aber haltet stille.“
(Martin Luther – Seine große Bitte an die Völker Europas und der ganzen Welt)

2018/2019 „Das Schicksal des Menschen ist der Mensch.“
(Bertolt Brecht, Jahreslosung und Arbeitstitel für unsere 11. Große Anthologie)

EDITION FREIBERG

Jahreslosung 2015: Wenn ich den Papſt nicht gebiſſen hätte, hätte er mich gefreſſen. Martin Luther

Das Interrobang ?

Ja? Dieses Zeichen gibt es wirklich? Es ist das Interrobang? Sie, verehrte Leserinnen und und Leser, sind diesem Zeichen aber nur ganz flüchtig auf den Seiten 4 und 12 des Buches begegnet.

In den 60er Jahren war es ganz groß in Mode, geriet aber recht bald wieder in Vergessenheit? Martin K. Speckter, Chef einer US-amerikanischen Werbeagentur, hatte es erfunden. War und ist das Interrobang also nur ein schräges Detail der Typographie-Geschichte? Ein Stiefkind in der Familie der Interpunktions- und diakritischen Zeichen? Wird es denn überhaupt gebraucht? Und wenn ja, wozu?

Der Redakteur Max Fellmann hat Mitleid mit dem arg vernachlässigten Zeichen; das, eingedeutscht, auch das „Fragerufzeichen" genannt wird. Im Magazin der „Süddeutschen Zeitung", Heft 45/2013, schreibt er dazu unter anderem:

„Interrobang setzt sich zusammen aus ‚interrogatio', lateinisch für Frage, und ‚bang', unter englischsprachigen Druckern ein Slang-Ausdruck für das Ausrufezeichen. Die Idee war gut, aber die Welt nicht bereit. Durchgesetzt hat sich das Interrobang nie. Vielleicht lag es am sperrigen Namen ..."

Und er führt weiter aus: „Immerhin, auf den berühmten Remington-Schreibmaschinen tauchte das Zeichen Ende der Sechzigerjahre für kurze Zeit auf, aber wirklich nur für kurze Zeit. Einzelne Computer-Schriftsätze enthalten das Interrobang aber bis heute ..."

Max Fellmann wünscht sich eine Renaissance des verlorenen Zeichens und begründet das so:

„Wir könnten das Interrobang tatsächlich ganz gut gebrauchen. Denn der Tonfall, den es zum Ausdruck bringt, wird immer häufiger. Man könnte fast sagen, er ist so was wie der Sound der Gegenwart. Der Klang der Uneigentlichkeit. Seit Jahren ist alles von Ironie durchtränkt, jeder Small Talk, jede Abendessenunterhaltung. Es gilt als schick und vor allem total smart, die Dinge nicht immer ganz so zu meinen, wie man sie sagt … Sogar Typen wie Markus Lanz und Lothar Matthäus versuchen mit demontrativer Selbstironie eine gute Figur abzugeben. Alles ist immer zugleich Aussage und Parodie, nichts gilt wirklich. Eigentlich ganz unterhaltsam, ja. Aber um zu sehen, wie oft das schiefgeht, muss man sich nur mal die Kommentarstreitereien auf Facebook oder Youtube anschauen … Ein Satzzeichen, das Aussage und Frage, These und Antithese zusammenschraubt, käme da gerade recht."

Zum Schluss seines flammenden Plädoyers für ein völlig zu Unrecht vergessenes Zeichen macht er allen Freunden des Interrobangs Mut, indem er auf die überraschend späten Karrieren manch anderer Zeichen und Symbole hinweist, denen plötzlich neues Leben eingehaucht wurde. Er schreibt:

„Zum Beispiel das @. Es wirkt heute wie das modernste Symbol überhaupt – dabei gab es das Zeichen lang vor dem Computer. Ursprünglich wurde es im Englischen für Preise verwendet: 4 apples @ 30 cent, (das hieß) vier Äpfel zu je 30 Cent."

Ich habe das Interrobang nur in wenigen meiner Texte verwendet. Es lag nicht im Setzkasten und war auf keiner Schreibmaschine zu finden. Losgelöst von Blei und Eisen hat es sich in die digitalen Schriftenfonds hinübergerettet‽

ENDE‽

Ich schreibe ...

...	*Vorworte*	*7*
...	*Huldigungen*	*38*
...	*Kolumnen*	*42*
...	*Leserbriefe*	*53*
...	*Anagramme*	*61*
...	*Beiträge*	*73*
...	*Porträts*	*103*
...	*Bücher*	*119*
...	*Flugblätter*	*129*
...	*Jahreslosungen*	*147*
...	*und zum Schluss ein flammendes Plädoyer für die Rettung eines Zeichens, das beinahe für immer verloren ging.*	*153*

Ich schreibe ... (2)

... *Liedtexte*
... *Prosa*
... *Zeitungsartikel*
... *Schriftstücke*
... *Abecedarien*
... *Programme*
... *Rezensionen*
... *Vierzeiler*
... *Korrespondenzen*
... *Aufrufe*

Ich schreibe ... (3)

... *Handreichungen*
... *Briefe*
... *Gedichte*
... *Projekte*
... *Märchen*
... *Einladungen*
... *Familyrik*
... *Emails*
... *Nachworte*
... *Autobiografisches*

DER GREIF IST DAS
WAPPENTIER DER DRUCKER
SOWIE DER BEWAHRER
VON BUCH, KULTUR UND
BILDUNG